50 años, 50 relatos de fe-justicia

COLECCIÓN
JESUITAS
27

Abel Toraño - Albert Florensa Giménez - Alberto Ares - Alexis Bueno - Álvaro Alemany - Ana Goikoetxea - Augusto Hortal - Carles Marcet - Carlos Entrambasaguas - Cipriano Díaz Marcos - Daniel Argibay - David Alonso - David Viso - Enric Puiggròs - Esteban Velázquez - Felipe Sánchez - Félix Revilla - Fernando de la Puente - Francisco José Ruiz Pérez - Guillermo Rodríguez-Izquierdo Gavala - Higinio Pi - Ildefonso Camacho - Inés Silvela - Ion Loyola - Irene Ortega - Javier Arellano Yanguas - Jesús María Alemany Briz - Joaquín Barrero - Jokine Miranda - José Ignacio García - José Ignacio Rodríguez - José Javier Pardo - José María Fernández-Martos - José María Guibert - José María Segura - Josep M. Lozano - Juan Francisco Naranjo - Juanjo Rodríguez Ponce - Julio Jiménez Escobar - Julio Luis Martínez - Koldo Katxo - Luis Alberto Rodríguez de Rivera - Luis López-Yarto Elizalde - Manuel Gallego Díaz - María Teresa Fernández de Manzanos - Miguel Ángel Segura - Pedro Giner - Pep Buades - Pep Mària - Pere Borràs - Ramiro Pàmpols - Ramón Almansa - Ricardo García Molina

50 años, 50 relatos de fe-justicia

© Ediciones Mensajero, 2026
Grupo de Comunicación Loyola
Padre Lojendio, 2
48008 Bilbao – España
Tfno.: +34 944 470 358
info@gcloyola.com
gcloyola.com

Diseño de cubierta:
Vicente Aznar Mengual, SJ

Impreso en España. *Printed in Spain*
ISBN: 978-84-271-5155-0
Depósito legal: BI-348-2026

Fotocomposición:
Marín Creación, S. C. – Burgos / www.marincreacion.com

Impresión y encuadernación:
Gráficas Fernan – Bilbao (Vizcaya) / graficasfernan.com

Índice

Introducción

La opción fe-justicia –aquel grito profético de la Compañía de Jesús en la Congregación General 32– ha generado ondas expansivas que siguen resonando. Para recorrer su eco, podemos dejarnos guiar por una metáfora musical. Tres instrumentos, tres modos de vibración, tres claves para entender este camino espiritual y comprometido: el violín, el acordeón y el tambor. Cada uno, con su particular sonoridad, nos ayuda a escuchar lo que el Espíritu sigue diciendo hoy. Cada uno nos permite captar una faceta del binomio fe-justicia.

El violín. Como el violinista en el tejado –figura evocadora tanto en el cine como en las pinturas de Marc Chagall–, suspendido entre cielo y tierra, el binomio inseparable de fe y justicia equilibra esa tensión entre lo sagrado y lo profano, lo global y lo local. El violinista tiene un pie apuntando al cielo y el otro anclado en la tierra, desde donde eleva su música. Los pies en la tierra y el grito en el cielo. Así también es nuestra opción básica, «la lucha crucial de nuestro tiempo la lucha por la fe y la lucha por la justicia que esa misma fe exige» (CG 32, d. 2, n. 2): enraizada en la realidad herida y siempre abierta a la esperanza. El violín canta con belleza un compromiso que no es solo ético, sino profundamente evangélico. «Dicho brevemente: la misión de la Compañía de Jesús hoy es el servicio de la fe, del que la promoción de la justicia constituye una exigencia absoluta» (CG 32, d. 4, n. 2).

El acordeón ayuda a captar el ritmo de la historia reciente. Su movimiento de expansión y contracción evoca el proceso vivido en estas décadas, marcando el punto de inflexión que supuso el año 2000. Veinticinco años después del decreto 4, la carta del P. Kolvenbach sobre el apostolado social distinguía con lucidez entre la dimensión social de toda nuestra misión y el sector social propiamente dicho. Y advertía con fuerza acerca del riesgo de que «por falta de un apostolado social vigoroso y bien organizado, la dimensión social esencial se desvanecería poco a poco». En España, las Jornadas Sociales de Alcalá de ese mismo año 2000 dieron pie a la organización del sector social que hoy conocemos, iluminando unas decisiones que se han mostrado fecundas. El acordeón se expande para llevar la dimensión social a todos los ámbitos, y se contrae para articular un sector específico, sólido y comprometido.

El tambor, presente en múltiples culturas, convoca al pueblo y marca el pulso de lo común. Su ritmo profundo conecta con la dimensión espiritual de la justicia. Nos recuerda –como se canta en *Los Miserables*: «*When the beating of your heart echoes the beating of the drum...*»– que la fe comprometida no es solo doctrina ni ideología, sino experiencia vivida que toca el corazón. Como decía la Congregación General 34: «Nuestra fe se ha hecho más pascual, más compasiva, más tierna, más evangélica en su sencillez» (CG 34, d. 2, n. 1). Hablar de fe-justicia es hablar de una espiritualidad encarnada, donde la mística y la acción no se contraponen, sino que se abrazan. Vamos aprendiendo a ser personas contemplativas en la acción por la justicia.

Quizá podamos añadir un cuarto instrumento: el sintetizador ese aparato que permite crear nuevas combinaciones. El sintetizador representa el desafío actual: articular una nueva síntesis entre fe y justicia que integre también la reconciliación con la creación, la hospitalidad intercultural y la compasión activa en un mundo fragmentado. Es tiempo de componer una música nueva, sin perder las notas del Evangelio. Como recuerda el papa Francisco: «Si la música del Evangelio deja de vibrar en nuestras entrañas, habremos perdido la alegría que brota de la compasión

[...]. Si deja de sonar en nuestras casas, en nuestras plazas, en los trabajos, en la política y en la economía, habremos apagado la melodía que nos desafiaba a luchar por la dignidad de todo hombre y mujer» (*Fratelli tutti*, 277).

Enric Puiggròs, SJ
Provincial de la Compañía de Jesús en España

50.º aniversario del decreto Fe-Justicia (1975-2025)

José Javier Pardo, SJ, Córdoba

Con el riesgo de generalizar, podemos decir que para los que crecimos en las décadas de los 70 y los 80, tiempo en el que se forjaron los ideales y los sueños utópicos de la vocación, el elemento «justicia» era obligatorio o, al menos, era connatural pensar el progreso como ganancia de justicia. Además, esa búsqueda, desde la motivación religiosa, se formulaba o encajaba muy bien con la «búsqueda del Reino de Dios y su justicia», como categorías teológicas y espirituales que daban peso y consistencia a las opciones que íbamos tomando –o que yo fui tomando– y que nos llevaron al noviciado.

En mi caso, en el noviciado, toda la lectura e interiorización de la Congregación General 32 se vio iluminada por la noticia desgarradora del asesinato de los mártires de la UCA. En concreto para mí, que venía del ámbito de la universidad y que conocía la producción filosófica de Ellacuría, tuvo un impacto que me ayudó a poner más en los fundamentos de mi espiritualidad la opción que unía fe y justicia, entendiendo que no es un oxímoron ni un binomio que suponga tensión irreconciliable, sino una polaridad que, bien integrada, engendra vitalidad apostólica y espiritualidad auténticamente ignaciana.

Cierto que a eso contribuyeron el contexto y los años de formación teológica, en los que la investigación y reflexión sobre el Jesús histórico me ayudó a entender que la opción por los pobres, la opción por la justicia, no es ideológica sino cristológica. Como dijo Benedicto XVI a los participantes en la Congregación General 35, retomando la afirmación de Aparecida: «La opción preferencial por los pobres está implícita en la fe cristológica en aquel Dios que se ha hecho pobre por nosotros para enriquecernos con su pobreza (cf. 2 Cor 8,9)».

Este filón de identidad que define nuestra misión –y de misión que define nuestra identidad– como defensa de la fe y promoción de la justicia he comprobado que se despliega o es válido para todo apostolado. En mi caso, me ha inspirado tanto en el apostolado universitario como en el social, y, en ambos casos, en el ámbito personal, comunitario e institucional. Es decir, que vivirlo y compartirlo en comunidad jesuita, en comunidad de vida o en comunidades apostólicas ha supuesto un vínculo entre las personas y una inspiración que fortalecía nuestra entrega en la misión desde convicciones diversas.

La matriz fe-justicia se ha ido resignificando, ampliando, adaptando... con nuevos conceptos o, más bien, con nuevas realidades y perspectivas: reconciliación, diálogo con la cultura, diálogo intercultural, diálogo interreligioso, reto ecológico y del cuidado... Este proceso se puede ver como propio de esa polaridad generativa, que nos enriquece e inspira en la doble perspectiva: desde los retos que la fe plantea a la justicia y desde los retos que la justicia plantea a la fe, no como enfoques separados, pero sí como perspectivas complementarias.

El texto de Lc 4,16-22, el inicio del ministerio de Jesús en la sinagoga de Nazaret, que en tantas celebraciones de votos, ordenaciones, etc., ha inspirado nuestra historia como fuente y horizonte de nuestra vocación, nos da claves bíblicas que ayudan a la comprensión del decreto fe-justicia. Nos orientó en ese camino de entonces, y sigue siendo actual en la formulación de la preferencia apostólica universal de cercanía a los pobres y de caminar con ellos para dejarnos evangelizar. No podemos olvidar que la amistad con los pobres nos hace amigos de Dios, tal y como afirmaba san Ignacio.

En esta línea, y como experiencia también personal, se apunta que el remedio para que este binomio no sea ideología ni utopía inalcanzable o piedra de discordia es poner rostro, nombre, a esas personas empobrecidas; buscar esa cercanía que nos transforma y nos convierte al Evangelio de Jesús, el pobre y humilde de Ignacio en los Ejercicios espirituales. Ante los conceptos y las disquisiciones filosóficas o teológicas, los rostros; frente a los discursos abstractos, las narraciones esperanzadas en medio de sus sufrimientos, y no solo relatos «impactantes» para publicaciones, sino aguijones que nos molestan y llamadas que nos siguen moviendo a una conversión continua.

Cristianismo y Justicia

José Ignacio García, SJ, Barcelona

Todo nos vincula al decreto 4 de la Congregación General 32. Nuestro nacimiento se debió a este decreto; de hecho, nacimos algo menos de diez años después de su aprobación, y nacimos por la total inspiración de este documento. Nos vincula el nombre mismo que se dio a nuestro centro: Cristianisme i Justícia. Y nos vincula, de una forma evidente, el trabajo y la dedicación, durante más de cuarenta años, de un nutrido grupo de jesuitas, laicos y laicas que han hecho de la reflexión sobre la fe y la justicia el centro de su inquietud intelectual, el motor de su compromiso social y el horizonte de una esperanza que se ha sostenido a través de cuatro decenios y que –tenemos que reconocerlo– hoy se siente vivamente amenazada.

El centro Cristianisme i Justícia, en Barcelona, fue uno de los frutos más visibles de esa inquietud por la fe que se explica, y se moviliza, a partir de la experiencia de las víctimas, los pobres, los excluidos, los marginados y todos aquellos que, en palabras de las bienaventuranzas, son «los que lloran». Este tipo de reflexión ha sido el motor de toda nuestra actividad: los seminarios permanentes (teológico, social y de espiritualidad), los grupos de trabajo, las jornadas, las conferencias, los seminarios, las tertulias y los cursos. Mil y una formas diferentes de reunirse para escuchar, sentir y dialogar, con ideas y convicciones personales que hablan de compromiso en la sociedad, de trabajo académico, de tarea pastoral y de un variado activismo social. En Cristianisme i Justícia se comparten las ideas, pero también una praxis, una manera de estar –y de hacer– en el mundo.

Pero si hay algo que identifica nuestra labor son los «Cuadernos». Hasta este momento hemos publicado 242, con una distribución en papel superior a los 30 000 ejemplares. Los Cuadernos se publican en castellano y catalán, y han sido siempre gratuitos. Existe también la posibilidad de descargar la versión electrónica en las dos lenguas, y además en inglés. Durante estos cuarenta años, hemos acompañado la reflexión de numerosos laicos y laicas. Hemos sido también el material de apoyo para reuniones de grupos parroquiales, de comunidades cristianas y de círculos de reflexión. Miles de personas han recurrido, o recurren, a los cuadernos de Cristianisme i Justícia para profundizar a la hora de hacer su lectura creyente de la realidad.

Hoy los Cuadernos no son nuestra única vía de comunicación: tenemos también la colección de cuadernos EIDES (especializada en espiritualidad ignaciana), la página web, el blog y diferentes boletines electrónicos, y mantenemos una activa presencia en las redes sociales. Todo ello forma parte de nuestros esfuerzos por seguir sirviendo a la fe que nos mueve a la justicia.

Al publicar el Cuaderno 200, en 2016, aprovechamos para hacer una relectura del estado de nuestro compromiso, relectura que pasaba necesariamente por una mirada atenta al estado del mundo. Junto a avances innegables en la reducción de la pobreza, constatábamos cómo las desigualdades permanecen, el pensamiento único se impone (a través de una globalización dominante y uniformizadora) y el poder financiero permanece intocable, mientras que las democracias se deterioran. Y el rostro de la justicia se ha vuelto más poliédrico –y, por lo tanto, más exigente–: la crisis ecológica o la discriminación por razones de sexo, raza o religión se unen a la explotación económica y la marginación social. Los motivos por los que nacimos siguen presentes, el tiempo ha confirmado nuestras convicciones y la esperanza continúa siendo nuestro horizonte.

Los conciertos educativos, una encrucijada de amplio alcance

Fernando de la Puente, SJ y Joaquín Barrero, SJ, Madrid

Los reglamentos de los conciertos educativos fueron desarrollados al amparo de la Ley Orgánica del Derecho a la Educación (LODE), aprobada durante el mandato del PSOE en 1985. Responden a un contexto que se había ido haciendo más sensible a la dimensión social de la educación desde que la ley educativa de Villar Palasí en 1970 empezase a hablar de la gratuidad de la enseñanza obligatoria.

La Compañía de Jesús en España caminaba imbuida de esa nueva sensibilidad, oxigenada por los aires renovadores provenientes del Concilio Vaticano II e inspirada por el sabio magisterio del padre Arrupe. Latía un deseo cada vez más arraigado de aminorar las discriminaciones económicas o sociales y de que el alumno que saliese de nuestros centros fuese una persona para los demás. Junto a la Compañía caminaba una buena parte de la Iglesia, deseosa de borrar la imagen tópica de los colegios religiosos dedicados a las clases privilegiadas. Esta Iglesia veía en el nuevo desarrollo legislativo una oportunidad para garantizar a las familias, en nombre de la libertad de enseñanza, la posibilidad de escoger el tipo de educación deseada para sus hijos.

A consecuencia de todo ello, la Compañía se incorporó a la reflexión eclesial sobre el tema. Fueron tiempos de indecisión, de interminables asambleas, de masivas manifestaciones y de acusaciones cruzadas alrededor de los puntos conflictivos del desarrollo normativo, como la financiación estatal y sus implicaciones en la autonomía de los centros. Fue determinante la reunión de centros de FERE tenida en mayo de 1986, que contó con la presencia de los presidentes de la Conferencia Episcopal, don Gabino Díaz Merchán, y de la Comisión Episcopal de Enseñanza, don Elías Yanes. Hubo un intercambio tenso de pareceres. Por una parte, se deseaba el régimen de conciertos y, por otra, se desaprobaban algunos términos del mismo. Aun así, se confirmó la opción mayoritaria de los colegios de la Iglesia por los conciertos educativos, y nuestros provinciales secundaron esa decisión de manera unánime.

El concierto ayudó a muchos de nuestros colegios a pasar de tener una mayoría homogénea de familias muy acomodadas a una mayor pluralidad social. Este cambio era más fácil cuando los colegios estaban situados en zonas más populares, pues la cercanía del domicilio familiar al centro puntuaba positivamente.

Con todo, el cambio fue gradual, pues el concierto inicialmente abarcaba los ocho cursos de la EGB (Enseñanza General Básica), es decir, lo que hoy son los seis cursos de Primaria y los dos primeros cursos de la ESO. No había concierto para los cuatro cursos restantes (BUP y COU), en los que un porcentaje de alumnos dejaba el colegio y buscaba centros públicos o privados más baratos. Ello hizo disminuir en algunos colegios el número de secciones por curso en BUP y COU, y animó a los colegios y las Asociaciones de Padres a redoblar esfuerzos para aumentar el número y la calidad de las becas.

Hubo focos en comunidades educativas de algunos centros a los que les costó digerir el cambio. Esto llevó al entonces nuevo padre general de la Compañía, Peter-Hans Kolvenbach, a intentar explicar a los antiguos alumnos algunas tomas de posición de la Compañía, no siempre bien entendidas. Así, tuvo que dejar claro que «cuando nosotros, los jesuitas, declaramos que nuestra misión hoy es la promoción de la justicia y la opción preferencial por los pobres, no estamos diciendo nada nuevo: es, únicamente, una formulación nueva de nuestra respuesta de siempre».

Almería, un relato sorprendente de fe-justicia

Francisco José Ruiz Pérez, SJ, Bilbao

En la tradición jesuítica de la antigua provincia Bética (Andalucía y Canarias), la mención de *Almería* arrastraba consigo la sensación de estar ante un desafío constante. Todavía en los 90, la ciudad y su entorno no pertenecían al grupo de los focos apostólicos más apreciados de la provincia. En parte, *Almería* representaba la realidad del extrarradio andaluz, cuando ya eran evidentes los signos del cambio social y económico auspiciado por la inmigración. En parte también, *Almería* constituía para la Compañía un ejemplo exigente del ministerio parroquial en los suburbios y del trabajo pastoral con el mundo gitano, fruto de la decisión de dejar una sólida y reconocida presencia jesuítica en el centro de la ciudad a favor del barrio de Piedras Redondas.

La provincia no siempre sostuvo con igual convicción esa inmersión marginal. Varios gobiernos provinciales expresaron sucesivamente sus dudas, hasta el punto de que era tradición hablar de cuánto tiempo quedaba ya para que se produjera el cierre de nuestra comunidad almeriense. No obstante, nunca se tomó una decisión irreversible. A base de destinos de compañeros y de apoyos desde otras comunidades, se produjo el milagro de que *Almería* pudiera atravesar el tiempo, encarnando una versión cada vez más patente de la conjunción entre fe y justicia en uno de los enclaves más llamativos de la inmigración a Europa.

El hecho fue que, con la creación de la nueva provincia de España, *Almería* se postuló como una cabeza de puente con el trabajo eclesial en el Magreb. A lo largo de estos años, ha habido imaginación suficiente como para suponer que *Almería* podía pronunciarse asociándola a otros nombres. Quizás como *Nador*. Quizás como *Níjar*. Quizás como *El Aaiún*.

Que *Almería* se haya reinventado y haya sido capaz de reformular la misión que en su momento había recibido se debe a muchos factores. Pero, más allá de ellos, hay que reconocer que estuvo siempre detrás el impulso por mantener una línea de encarnación fe-justicia en su versión del sur peninsular. Y fue efectivo. Ese buen espíritu logró vencer coyunturas de muchos tipos: las que continuamente cuestionaban la viabilidad de la misión en juego.

Presencié en muchos compañeros y colaboradores la fuerza de ese espíritu. Se manifiesta con una humildad nazarena. No le espanta la magnitud de los problemas. En cada uno de ellos pretende ser una mínima voz profética. Renuncia a resultados palpables. En cualquier caso, es testigo de un Dios fraterno que se estremece ante la injusticia humana de todo margen.

Almería me ha sido, por eso, maestra de la fidelidad de Dios a su misión... la nuestra.

La experiencia de la Misión Obrera

Ramiro Pàmpols, SJ, Barcelona

Bien puedo decir que los siete u ocho jesuitas que mantenemos aún hoy en España nuestra pertenencia a Misión Obrera agradecemos sinceramente esta reflexión en torno a la influencia que tuvo el decreto Fe-Justicia en nuestras vidas. A estas alturas, reconozco que en mi caso se mantiene una fuerte convicción subjetiva que lucha por ser, con el paso del tiempo, más serena y objetiva.

Mientras preparaba estas líneas por la noche, casi sin poder dormir, me surgió una expresión, tal vez exagerada, pero que quiero mantener intacta: vivimos una especie de «pasión mística» alimentada por multitud de circunstancias que se dieron, si no a la vez, sí en un tiempo cercano. Esas circunstancias iban desde la profunda injusticia estructural que padecían las comunidades pobres de América Latina hasta la consideración del alejamiento del mundo obrero de la Iglesia, en especial en Francia, con la publicación del libro *Francia, país de misión*. El decreto, pues, no caía del cielo; se había incubado de diferentes maneras y en lugares distantes entre sí, pero cercanos en las vivencias experimentadas: América Latina, Francia, Italia, Alemania, Bélgica, España...

En España, con algún retraso, vivíamos la toma de conciencia de los horrores de nuestra guerra civil, el franquismo que la siguió y el papel de nuestra Iglesia jerárquica en todo ese proceso, en el que el pueblo sencillo y el mundo del trabajo industrial tuvieron que soportar el silencio cómplice de nuestros obispos ante los abusos de poder del gobierno, condenando a muerte por fusilamiento a personas de otra ideología, muchas de las cuales no tenían acusaciones de sangre… Más tarde supimos también de las barbaridades cometidas en los primeros meses de guerra por grupos radicales de izquierda.

Hubo otros elementos clave en la aparición de una nueva conciencia social entre los jóvenes estudiantes jesuitas: la elección del padre Arrupe como general de la Compañía de Jesús, los escritos cada vez más contundentes de algunos teólogos –jesuitas y no jesuitas– sobre la pobreza estructural de América Latina y la aparición, algo más tarde, de la teología de la liberación, que explicitó todo ese malestar humano, con figuras como Ignacio Ellacuría y Jon Sobrino.

A la vez se iba dando una puesta al día de la vida religiosa, desplazándose las casas de formación hacia barrios populares, para vivir en pequeños pisos, como el resto de los vecinos, y estar más cerca del mundo trabajador. Tiempo atrás había aparecido en Francia el Movimiento *Prêtres Ouvriers*, que llegó a reunir bajo esa denominación a casi un millar de sacerdotes de todo el país, entre los cuales había un buen grupo de compañeros jesuitas.

Entre las numerosas vocaciones que tuvo la Compañía en aquellos años de la posguerra, surgieron personas dotadas de una especial sensibilidad por «lo social» y un liderazgo que arrastró a un numeroso grupo de jóvenes jesuitas. Creo que es justo citar aquí a algunas de esas personas que, desde las diversas provincias de la Compañía en España, dieron vida a Misión Obrera: Manuel Bermudo en Andalucía, David Garmendia en Euskadi, Josep Maria Borri en Cataluña, José Luis Ochoa en Zaragoza, Ignacio Armada en Madrid, Isidoro Galán (recién fallecido) en Cartagena.

Para acabar esta rápida descripción de lo que fue el «caldo de cultivo» de nuestro decreto Fe-Justicia por lo que se refiere a Misión Obrera, merece la pena destacar cuáles fueron nuestras presencias más significativas en aquellos años: presencia en barrios populares, al lado de las asociaciones de vecinos que luchaban por crear o mejorar los servicios públicos del barrio, y presencia en el trabajo manual de baja cualificación profesional, junto a sindicalistas, en plena clandestinidad y colaborando en algún partido político cuando llegó la democracia.

En Misión Obrera optamos con preferencia por espacios e instituciones no confesionales, viviendo de un salario reducido, propio del mundo obrero, y teniendo que ocultar, sobre todo al comienzo de nuestros compromisos, nuestra condición sacerdotal. Muchos despidos en las empresas en que pudimos trabajar gracias a nuestro anonimato se produjeron al conocer los empresarios nuestra pertenencia a la Iglesia y a la Compañía.

La aparición de este nuevo decreto, el apoyo entusiasta del padre Arrupe y el hecho de estar bien organizados entre nosotros nos permitió perseverar en nuestro compromiso social hasta nuestro último encuentro internacional en Loyola, en el año 2005, a pesar de ciertas reticencias y tensiones iniciales con la Compañía.

Espero y deseo que Misión Obrera haya contribuido históricamente, con su generosa aceptación del decreto 4, a una mayor sensibilidad social de la Compañía de Jesús.

Un punto de inflexión en el recorrido de la opción fe-justicia

Álvaro Alemany, SJ, Valencia

Comenzaré por una confesión personal: de momento no me enteré mucho de la trascendencia del «decreto 4». Aquel curso 1974-1975 acaba de terminar mis estudios universitarios y empezaba mi vida laboral en un equipo de Misión Obrera del barrio del Picarral, en Zaragoza. «Más papeles bonitos». Estábamos volcados en el barrio, con una práctica política y social muy fuerte. «¡Qué bien, por fin un documento oficial que recoge algo de lo que vivimos!». El padre Moragues, provincial, nos contó: «Ha sido una fuerte experiencia de discernimiento en el Espíritu». ¿Era lo que le tocaba decir? Solo con el correr del tiempo y la maduración personal me di cuenta de la importancia que tuvo, del camino que marcó.

Sin embargo, la «recepción» del decreto 4 fue difícil. Hubo fuertes desgarros intrajesuíticos, acusaciones de «temporalismo» y de politización filomarxista o aburguesada, riesgo de difuminar la identidad específica de una orden sacerdotal... Pronto empezaron los mártires y otros costos previstos por el propio decreto. En España vivíamos un contexto de transición a la democracia y de despegue económico hacia Europa, que hacía surgir nuevas pobrezas. Se iba asumiendo (teóricamente y también con nuevas prácticas silenciosas) la opción fe-justicia, pero con la sensación de cansancio hacia ese tema y de resignación en un entorno jesuítico sacudido por tantas salidas, que repercutían sobre todo en la generación joven.

Pero al final de la década de los 80 iban a darse una serie de hechos que marcarían un punto de inflexión en esa tendencia. Entre ellos estuvo la celebración en Gijón, en el contexto del Año Ignaciano 1990-1991, de unas Jornadas Fe-Justicia de la Compañía de Jesús en España. Había reticencias a volver a hablar del tema, que tantos enfrentamientos había provocado, pero fue un buen encuentro intersectorial e interprovincial, organizado por la subcomisión de Acción Social del Año Ignaciano.

Participamos unos 130 jesuitas, incluidos los provinciales y el secretario social de la Compañía. Por primera vez en quince años nos reuníamos institucionalmente para hablar de fe y justicia. Como preparación, se había pasado una detallada encuesta sobre el tema a todos los jesuitas de las provincias españolas y el análisis de sus resultados fue la primera aportación a la reflexión conjunta, completada después por varias ponencias y comunicaciones. Estábamos en el Hogar de San José y de entrada hicimos una detenida «composición de lugar», dividiéndonos en grupos para visitar distintos ámbitos sociales del entorno. Y, además, a través de varios paneles de experiencias, pudimos conocer un abanico de iniciativas en diversos sectores y obras, que pusieron de relieve cómo la opción fe-justicia había ido permeando áreas apostólicas muy diferentes de las provincias españolas, llegando más allá de la estricta acción social.

Fue realmente entonces cuando nos dimos cuenta de que la misión fe-justicia, que en principio pareció ser fuente de conflicto y enfrentamiento entre nosotros, se había ido convirtiendo en vínculo de unión e identificación en la pluralidad de apostolados de la Compañía. Como recogió en las Jornadas de Gijón el padre Urbano Valero, asistente, en sus palabras finales: «Se han visibilizado dos cosas: un hecho y una llamada. El hecho es que en esta presencia múltiple, diversificada, de jesuitas de diversos lugares, de diversas edades, de diversas referencias, se ha visibilizado [...] que la misión fe-justicia [...] es misión y opción de todos. No es una misión sectorial, una misión de unos pocos, sino que es misión de todo jesuita [...]. La llamada está muy relacionada con esto [...]: todos debemos sentirnos y comportarnos como solidarios de la concreción de esa misión que corresponde a cada uno».

Reinventar el colegio para hacerlo más evangélico

Ricardo García Molina, Las Palmas

Entré al colegio San Ignacio de Loyola en 1975, año de la Congregación General 32, y no imaginé que en 1987 presenciaría una transformación histórica. Ese curso se implantó el concierto educativo, clara respuesta al decreto Fe-Justicia. La decisión permitió la entrada de realidades sociales entonces alejadas, así como la incorporación de las niñas desde los niveles iniciales.

Antes del paso definitivo, el padre Jiménez Valdecantos impulsó con firmeza las reflexiones en su comunidad. Consciente de los cambios venideros y del papel integrador que desempeñaría la acción pastoral, pidió al padre provincial que enviara un joven jesuita capaz de renovarla.

Joaquín Morales, maestrillo, aterrizó convencido de la importancia de crear un grupo *scout* e inmediatamente convocó a varios antiguos alumnos. Desde entonces colaboré en la pastoral viendo cómo el grupo se convertía en herramienta de integración. Cada sábado ensayábamos una sociedad por construir. En reuniones y campamentos, los prejuicios cedieron ante el aprendizaje compartido y la amistad. Los contrastes pronto revelaron su valor educativo y humano. También las familias tejieron una red duradera.

Más allá del patio surgían resistencias. En reuniones con pastoralistas y profesorado fui consciente de las dificultades.

No todos comprendieron el sentido de aquella apuesta educativa; algunos profesores y familias cuestionaban abiertamente la *pérdida de nivel* del colegio. En la ciudad se hablaba del error de concertar el centro y, aún peor, de cumplir escrupulosamente los requisitos de acceso que impedían la entrada de las familias tradicionales. El «servicio de la fe, del que la promoción de la justicia constituye una exigencia absoluta» dejó de ser hermosa declaración para convertirse en práctica exigente y espinosa.

Quince años después del concierto, asumí la coordinación de pastoral y comprobé cómo la misión, con dificultades y reticencias, se había ido materializando en lo cotidiano. La incorporación temprana de los laicos en todos los niveles de decisión fue clave. Desde finales de los años 70, el padre Kiko Naranjo nombró laicos en puestos intermedios de dirección, y en 1990, por primera vez en España, el profesor Celso Domínguez asumió la dirección titular. El compromiso decidido y vocacional de un nutrido grupo de docentes alineados con el propósito de la Compañía de Jesús permitió salvar barreras aparentemente infranqueables. Celso Domínguez recuerda cómo, ante comentarios nostálgicos en reuniones con la comunidad, contestó a un notable jesuita: «Sí, padre, tiene usted razón, el colegio ya no es lo que era. Gracias a Dios».

Como director titular desde 2006, pude reconocer los frutos de aquella decisión audaz. Generaciones de alumnos procedentes de diversos estratos sociales han crecido juntas y se siguen conformando mutuamente, manifestando que la excelencia consiste en preparar para la vida, más allá del origen. Muchos de los que accedieron gracias a esa apuesta por la justicia hoy son agentes de cambio en su entorno. Creo que podemos reconocer que aquella elección, valiente e incómoda, fue probablemente la más coherente y transformadora en la historia del colegio San Ignacio de Loyola. Hoy, el colegio se reconoce como un buen lugar de acogida y encuentro, desde la diversidad de sus integrantes;

excelente en lo académico, fuerte en atención personal y puntero en la innovación pedagógica.

Al optar por aprovechar el concierto para promover la justicia desde la fe se redefinió la identidad del colegio y se enriqueció nuestra vocación educativa, mostrando que la transformación personal es el auténtico *nivel*. Medio siglo después del decreto 4, seguimos testimoniando que «educar para la justicia es el camino más auténtico para servir desde la fe». Sin duda, el colegio, gracias a Dios, ya no es lo que era.

Renovar la fe y encarnar la justicia evangélica

José María Guibert, SJ, Madrid

Hay opciones que ilusionan. Se concretan en un lema que se transforma casi en una bandera. Generan visión, renovación, ánimo, buen rollo… consuelo espiritual. Merecen ser recordadas medio siglo después. Son proféticas. Yo me enteré de esto en el noviciado jesuita (1982-1984).

Lo de fe estaba claro. Pero prefirieron hablar de justicia en vez de caridad, misericordia o amor, lo cual implicaba opciones concretas por los pobres y cambio de estructuras injustas. Eso se asociaba en algunos sitios con movimientos de izquierda, desorden político, lenguaje revolucionario, subversivo e incluso violento.

Todo ello generó crisis. La Compañía de Jesús quería una cosa (fe y justicia) y otros esperaban de ella otra (fe sin mucho compromiso social). Yo quiero una cosa, pero algunos (amigos, feligreses, empleados, financiadores, autoridades) quieren otra cosa de mí.

Vino la renovación: «Fe y justicia» (1975) quedaba algo cojo. Para profundizar en la misión se fue enriqueciendo el horizonte programático con nuevos términos: «inculturación» y «diálogo interreligioso» (1995), «reconciliación» (2008), «discernimiento» y «colaboración en red»; también «sinodalidad», «esperanza» y «hospitalidad». El último gran hito son las preferencias apostólicas universales (2019): verbos de acción para fomentar fe y justicia, discernimiento y reconciliación, ecología integral, sinodalidad y trabajo en red, etc.

A la hora de relatar una experiencia personal sobre estas dos dimensiones, puedo contar lo que sigue. Yo estaba destinado a la Universidad de Deusto como encargado de lo que entonces se llamaba «Desarrollo de la misión». Generamos algunas actividades, documentos, etc., en esa línea. Una iniciativa fue una peregrinación a Roma en la primavera de 2006. En fechas parecidas hubo otra acción: un seminario sobre migraciones, enlazado con las opciones por la justicia de la misión universitaria jesuita.

Las dos propuestas fueron un éxito: casi una treintena de personas en cada actividad. Pero con un matiz: todas las personas participantes fueron distintas. La única persona que estuvo en ambas acciones fue el organizador, que era quien esto escribe. Quedaba patente, con los matices que haya que hacer, un hecho: a los deustenses interesados en la fe no les interesaba mucho la justicia, o al revés.

Mi experiencia de creyente y sacerdote jesuita me lleva a decir también que la fe necesita actualizarse. Los tres grandes horizontes que han marcado la cultura occidental son la premodernidad (hasta el siglo XVII), la modernidad (siglos XVII-XX) y la posmodernidad (desde finales del siglo XX hasta hoy). Aquí es donde está la cuestión pendiente: la fe cristiana todavía no ha encontrado plenamente cómo hablar al corazón posmoderno (relativista, subjetivo, fragmentado, digital...). Crece la secularización en los mundos urbanos. Hacemos microrrelatos porque no tenemos relato. ¿Desafío? Una inculturación sistemática, profunda y compartida de la fe cristiana en este horizonte cultural posmoderno.

El reto de la Compañía es también hacer institucional la opción por la promoción de la fe y la justicia (y los otros valores presentados arriba). No se trata de hacer pequeños gestos o iniciativas vistosas y mediáticas (es lo fácil), olvidando cómo plantear cuestiones más graves, estructurales y estratégicas. En la gestión de instituciones se ha renovado la cultura de evaluación y planificación y el gobierno de entidades, redes y sectores, pero los pasos que hay que dar todavía son grandes. Todo es complejo. Optar solo por la fe es una salida. Otro camino es apostar solo por valores humanistas o sociales (ética, educación, justicia, reconciliación...). El consuelo espiritual vendrá de seguir la intuición original de hace cincuenta años, afirmando que los dos ámbitos han de estar unidos, y señalando que cada uno de ellos se renueva y enriquece si se busca el modo de relacionarlos mutuamente desde la profundidad.

Relectura de la espiritualidad y la mística desde la opción fe-justicia y la opción preferencial por los pobres en situaciones de frontera y conflicto

Esteban Velázquez, SJ, Granada

Todos los que me conocen saben que he vivido mucho tiempo en situaciones fronterizas y conflictivas en varios sentidos (político, geográfico, eclesial, jesuítico…) en tres países (España, El Salvador y Marruecos). En este momento, estoy comprometido con el diálogo interespiritual en torno al elemento común de justicia a través de la Fundación Centro Persona y Justicia. No es el momento aquí de describir esas situaciones, ni mucho menos de defender mis opciones en cada momento. No pocos me han animado a hacerlo, pero todavía no lo he hecho. Y por el camino que llevo, quizás no lo haga nunca.

Pero en este breve escrito que nos pide el sector social de la Compañía en España me he animado a poner algunas letras sobre un solo aspecto: algunos rasgos de lo que, a mi modesto entender, conlleva una espiritualidad y una mística cristiana y jesuítica coherente cuando te encuentras en coyunturas límite de discernimiento y consultas intensas, como aquellas en las que yo me he encontrado, y tratas de ser fiel al Evangelio y a las *Constituciones* desde el cuerpo vivo de la Iglesia y la Compañía.

Pero lo haré en forma de prosa poética, que a veces, a mi juicio, es la forma más rápida y profunda de ir a lo esencial. El tema de la relación entre la mística y el compromiso social me ha interesado siempre; en definitiva, es el jesuítico binomio fe-justicia visto desde una perspectiva espiritual. Aquí lo haré sencillamente añadiendo a continuación un escrito poético (o una parte breve del mismo), en el que hago una relectura en clave profética del *Cántico espiritual* de san Juan de la Cruz. Una osadía más.

Cántico espiritual a la solidaridad sonora y callada en la fuente del Amado

Cuantas víctimas y excluidos por este mundo sufren y vagan de ti me van mil mensajes transmitiendo. El relato de todos me estremece, y déjame traspasado, transportado, transformado, entre muerto y resucitado.

Un no sé qué dejan balbuciendo, un silbo de desasosiego y esperanza, de indignación y resistencia, de impaciencia y paciencia. Un arrebato de éxtasis, de sentido y sin sentido... de pasión y canto.

Apaga, Amado, mis palabras o mis silencios, ambos a veces cómplices o vacíos. Calla mi protesta, dolorida e intensa, pero de amor cotidiano exenta. Interrumpe mi silencio, sublime y pacificado, pero de amor político olvidado... pues nada de esto basta, y además autoengaña, mi Amado.

Y véante presente los ojos del alma y del cuerpo en el monte y en la plaza, pues eres luz de mi conciencia, iluminada por el fuego de tu misericordia en el hogar y en el ágora, transidos de tu presencia. Solo por ti, amor místico y profético que de ti mana, Amado, quiero ser traspasado.

¡Hazte ya presente!, solidaridad urgente y coherente. Mira que la injusticia y el dolor no se curan sino con gesto, figura, rostro, abrazo, lucha, tiempo, amabilidad, presencia y ternura.

Ahora sí, contigo, la noche del desamor sosegada del futuro posible, su aurora inaugurada, la música sonora de la solidaridad callada... El banquete del Reino recrea y enamora a cojos,

enfermos, ciegos, excluidos, víctimas, extranjeros, los donna-
die, los últimos, los pequeños y nosotros, sus aliados, en una
paz y un silencio liberados, plenos de misericordia e indignación, perdón y decisión... y siempre revolución... La de los
enamorados del amor, pacificado y pacificador, liberado y liberador, sin rencor, pero con serena y pacífica pasión.

Mi alma y mi cuerpo y toda mi energía en su servicio entre-
gada. Ya no guardo tiempo, propiedad ni beneficio; ya no tengo
otro oficio, que ya solo solidaridad es mi oficio. Es el nombre
de mi Amado, mi éxtasis, mi vino de eternidad enamorada, mis
prados, los sotos de mi Amado y el gozo de mi corazón por él
resucitado.

Congregación General 32 y decreto 4 a los cincuenta años de su convocatoria

Cipriano Díaz Marcos, SJ, Roma

El 2 de diciembre de 1974 daba inicio la Congregación General 32 de la Compañía de Jesús. Apenas un mes y medio antes comencé el noviciado jesuita, marcado por esta Congregación General.

La Congregación 32 se prolongó hasta el mes de marzo de 1975 y fue a partir de ese final cuando empezamos a caer en la cuenta de la gran importancia que para la vida de la Compañía y de la Iglesia (valga la presunción) iba a tener aquel acontecimiento. Nosotros, como novicios recién llegados, carecíamos de perspectiva para valorar su importancia. Pero tuvimos la suerte, en los meses siguientes a su finalización, de tener con nosotros, en el propio noviciado, al padre Alfonso Álvarez Bolado, uno de los jesuitas que participó activamente como delegado de la provincia de Castilla en la asamblea y en la redacción de ese decreto 4 titulado «Nuestra misión hoy: servicio de la fe y promoción de la justicia».

El maestro de novicios, a su llegada, le pidió no solo que hablara de la Congregación 32, sino que ofreciera a los novicios un minicursillo sobre aquel acontecimiento de Compañía. Fue entonces cuando empezamos a asomarnos con mayor intensidad a aquellos acontecimientos y a percibir su importancia. Y lo hicimos gracias a aquel «gigante», subidos a sus espaldas y a su capacidad de penetración intelectual.

Lo primero que nos propuso fue comenzar por los ante-
cedentes de esta asamblea de Compañía, para leer después de
modo especial el decreto 4. Porque aquella Congregación fue
el fruto de una larga gestación eclesial que, por poner un límite
temporal en el pasado, arrancaba con el Concilio Vaticano II y
el papado de Pablo VI, continuaba con el generalato del padre
Pedro Arrupe (elegido en 1965), seguía con la asamblea episcopal de Medellín (Colombia, 1968) y se prolongaba en el
sínodo de obispos sobre la justicia en el mundo («El sacerdocio
ministerial y la justicia en el mundo», 1971).

No dijo que fueran los únicos precedentes, pero sí habló
de su importancia y nos hizo leer un buen puñado de documentos, para adentrarnos después en el decreto estrella de
aquella Congregación.

Ciertamente, la preocupación social ha sido, bajo modali-
dades diversas, misión de la Compañía, que desde sus orígenes
busca reconciliar a los hombres entre sí y con Dios. Pero servir
a la fe en aquel momento histórico requería como «exigencia
absoluta» la promoción de la justicia ante la inmensa realidad
de pobreza y explotación en que vivían las grandes mayorías
del planeta. El Concilio Vaticano II había dicho que «los gozos
y las esperanzas, las tristezas y las angustias de los hombres de
nuestro tiempo, sobre todo de los pobres y de cuantos sufren,
son a la vez gozos y esperanzas, tristezas y angustias de los
discípulos de Cristo» (*Gaudium et spes*, 1). La Compañía supo
que esta misión de servicio a la Iglesia y al mundo adquiría un
sentido nuevo, nueva urgencia y una nueva mirada sobre la realidad, porque se encontraban en presencia de nuevos desafíos.

La Congregación 32 y su decreto 4 generaron posterior-
mente transformaciones importantes en el apostolado y las
instituciones de la Compañía, en la acción y la reflexión, en
la espiritualidad y los modos de organizar la vida comunitaria en cercanía a los pobres. Transformaciones por las que la
Compañía tuvo que pagar el precio de la cruz, como había

pronosticado proféticamente el padre Arrupe al declarar que «no trabajaremos por la justicia sin pagar un precio». El costo fueron 48 jesuitas asesinados por su defensa de la justicia. Allí, en 1974, comenzó un extraordinario cambio en la Compañía de Jesús, que no podemos más que agradecer a Dios y a quienes lo hicieron posible.

El servicio social del colegio Nuestra Señora del Recuerdo

Inés Silvela, Madrid

Corría el año 1992 cuando el director del colegio, el padre Agustín Alonso, decidió instaurar el «trabajo social» como actividad obligatoria para los alumnos de 3.º de BUP (ahora 1.º de Bachillerato). La idea surgió de un viaje que realizó por Estados Unidos y Latinoamérica, donde fue testigo del *Service Learning* (aprendizaje-servicio), una metodología pedagógica que integra los servicios a la comunidad en la formación académica.

Para poner en marcha el proyecto contó con el sociólogo y trabajador social César García-Rincón, que, con la inestimable ayuda de un grupo de madres del colegio, empezó un camino difícil con el objetivo de formar a los alumnos del colegio como «hombres y mujeres para los demás». Así, se buscaron varios proyectos en los que se les ofrecía la oportunidad de entrar en contacto directo con realidades de exclusión social, ampliando su normalmente «bastante limitado» círculo de contacto humano.

Los comienzos fueron complicados, pues surgieron muchas preguntas: ¿por qué obligatorio? ¿No les quitará tiempo de estudio? ¿Esas realidades no serán peligrosas? ¿Unos adolescentes? Pero todas estas dudas se fueron disipando a medida que la experiencia nos fue transformando. Sí, digo «nos fue», porque tuve la enorme suerte de poder vivir esa actividad en primera persona como alumna del colegio.

Todo empezó ahí. Algo en mí cambió. Mi mirada se transformó y el dolor del mundo ya no me pasaba desapercibido. Años después, tras muchos voluntariados y varias aventuras en la empresa privada, el Espíritu me trajo de nuevo al colegio como profesora. Y me volví a encontrar con lo que ahora se llama «servicio social». Me ofrecí como acompañante de alumnos para el proyecto «Padre Garralda» con niños de la cárcel y mi mirada volvió a cambiar. Empecé a percibir a los alumnos de manera diferente. Verlos en un entorno distinto, dándose a sí mismos, con tanta generosidad y cariño, te mueve por dentro.

Entonces entendí el significado más profundo del agradecimiento, el que es don y te mueve a dar sin esperar nada a cambio, sin exigir, el que es «verdadero motor de cambio», como escuché a Luis Arancibia allá por 2019 en una charla en el colegio. Aquella charla también me trasformó. Llevaba ya varios años como responsable del servicio social en el colegio (el mejor trabajo del mundo), y hasta entonces no me había «lanzado» a hablar de la fe explícitamente en el contexto de servicio social, por miedo al rechazo frontal del adolescente. Lo hacíamos «por justicia».

Sin embargo, me vino a la cabeza la idea del «hombre espiritual» del padre Arrupe. Solo el hombre de Dios, llevado por el Espíritu, puede ser capaz de contribuir a una verdadera transformación del mundo. Fe y justicia son dos conceptos inseparables y por los que seguimos apostando como colegio de jesuitas. Así, a través de la experiencia de servicio social, invitamos a nuestros alumnos a recorrer un camino desde la justicia a la fe, en dirección contraria a la que tradicionalmente se les ha ofrecido: Jesús es nuestro modelo de «hombre para los demás» y como cristianos lo imitamos y nos acercamos al que sufre (fe-justicia). Cuando nuestros alumnos entran en contacto con personas que sufren, entran en contacto con lo más interno de sí mismos y eso, citando de nuevo a Luis Arancibia, es «terreno abonado para entrar en contacto con Dios» (justicia-fe).

Gracias a la experiencia de servicio social, muchos de nuestros alumnos se encuentran con Dios, y acaban queriendo y pidiendo por las personas con las que se han implicado en los proyectos. Fe y justicia o justicia y fe, el orden no importa: sin duda, esta experiencia no deja a nadie indiferente.

Investigar sobre la reconciliación por la fe y la justicia

Julio Luis Martínez, SJ, Madrid

En este tiempo, en el que conmemoramos el cincuenta aniversario del decreto Fe-Justicia, quiero ofrecer una breve presentación del proyecto «Reconciliación Ignaciana Transdisciplinar» (RIT), realizado durante varios años por unos treinta y cinco profesores de la Universidad Pontificia Comillas. Este proyecto ha marcado mi actividad teológica, y compartirlo en este aniversario me parece casi una obligación personal e institucional.

El trabajo se acometió desde el deseo de profundizar en la comprensión de la reconciliación a partir de la espiritualidad ignaciana y con el apoyo institucional de la universidad jesuita de Madrid, de la que entonces yo mismo era rector (2012-2021), al tiempo que participaba en el proyecto como investigador. El resultado de todo el proceso está recogido en el libro *Reconciliación transdisciplinar: migrantes forzosos subsaharianos en condiciones de vulnerabilidad* (Tirant Humanidades, 2022), editado por la profesora Nurya Martínez-Gayol, coordinadora del proyecto.

La matriz de significado que sirvió como marco a la investigación es la noción de reconciliación, que ya aparece en la *Fórmula del Instituto* de la Compañía de Jesús de 1550 y ha recibido interpretaciones actualizadas en las recientes Congregaciones Generales de la Orden: «La misión de la Compañía de Jesús hoy es el servicio de la fe, del que la promoción de la justicia constituye una exigencia absoluta, en cuanto forma parte de la reconciliación de los hombres exigida por la reconciliación de ellos mismos con Dios» (Congregación General 32, decreto 4, 2). La definición de reconciliación en la tradición ignaciana fue la primera en ser elaborada, para dar base al trabajo de los distintos grupos académicos de cada campo disciplinario.

En el proyecto RIT se dieron cita las áreas de psicología, salud, migraciones, sociología / trabajo social, pedagogía, economía, ecología, energía, relaciones internacionales, derecho, derecho canónico, filosofía y teología. Cada grupo recibió la definición ignaciana para elaborar su propia definición disciplinaria antes de disponerse a participar en la elaboración interdisciplinaria. A título de ejemplo, en el área teológica, siete profesores de dogmática, Sagrada Escritura, moral, espiritualidad y pastoral, trabajamos juntos para alcanzar un texto que mostrase las líneas fundamentales del significado teológico de la reconciliación.

La interdisciplinariedad fue emergiendo progresivamente a través de encuentros y diálogos del grupo en general, y fructificó en una definición ignaciana interdisciplinaria y en un glosario interdisciplinario común. Tras esa fase interdisciplinaria, llegó el turno de la aún más compleja fase transdisciplinaria, en la que los resultados del trabajo precedente se aplicaron a los análisis resultantes de un trabajo de campo sobre la situación de migrantes forzosos subsaharianos en condiciones de vulnerabilidad, realizado por expertos del Instituto Universitario de Estudios sobre Migraciones de Comillas, un centro especializado en el estudio de la movilidad humana con una trayectoria de más de treinta años.

Esta fase transdisciplinaria, a partir de las fortísimas y casi inverosímiles vivencias y testimonios de las 25 personas que entrevistamos, hombres y mujeres, que, a causa de violencia, persecución o pobreza, habían dejado atrás su propia tierra para llegar a España, convirtió en fecundo el trabajo interdisciplinario, integrando así ciencia y vida, teoría y praxis, conciencia y experiencia común, dando lugar a nuevos horizontes de comprensión de la reconciliación en una perspectiva más holística, profunda y universal.

En suma, el proyecto RIT es un trabajo de «tejedores de diálogo» o «constructores de puentes» entre las diferentes disciplinas y la experiencia viva, para dar pie al diálogo flexible, plural e inclusivo, propio de una razón abierta: una labor artesanal no carente de dificultades, tanto epistemológicas como existenciales, como las que han estado presentes en estos cincuenta años de misión al servicio de la justicia que brota de la fe.

El Servicio Jesuita a Migrantes en clave fe-justicia

Pep Buades, SJ, Las Palmas de Gran Canaria

La inmigración emergió como una realidad social en España a finales de los años ochenta y principios de los noventa del siglo XX. Varios jesuitas comprometidos en el apostolado social unieron esfuerzos con otros actores de la Iglesia y la sociedad civil en sus ciudades para proporcionar asesoramiento jurídico y asistencia social en lo que llegó a ser la «Red Acoge». En 1994 la Universidad Pontificia Comillas creó el Instituto Universitario de Estudios sobre Migraciones (IUEM), canalizando un esfuerzo de investigación y formación superior en dichas perspectivas, jurídica y social.

A mediados de los años noventa varias provincias de la Compañía de Jesús en España incluyeron el campo de las migraciones en sus proyectos apostólicos, de donde se siguió una política de destino de jesuitas. En el año 2000, un encuentro del sector social de todas las provincias identificó las migraciones entre sus tres prioridades apostólicas, junto con la cooperación internacional al desarrollo y la infancia y juventud en riesgo social. Cuajaron dos convicciones: la primera, que las migraciones no podían tratarse desde la perspectiva entonces imperante de la marginación, siendo precisa una mirada sobre los retos de la fe, la justicia, el diálogo entre culturas y el diálogo entre religiones, en la perspectiva marcada por la Congregación General 34. Y la segunda, que la prioridad de las migraciones en el apostolado social exigía la creación de obras propias de la Compañía que dieran músculo al sector social.

La primera década del siglo XX vio la extensión en todas las provincias en España de obras apostólicas de este tipo, propias de la Compañía o comunes con otras congregaciones religiosas, incluso con la Generalitat valenciana. El esfuerzo de coordinarlas dio forma al Servicio Jesuita a Migrantes (SJM). El panorama era relativamente diverso. Algunas obras incorporaron la investigación y participaron en la docencia superior junto con universidades de la Compañía o ajenas (al menos, en la formación de profesionales). Casi todas incluyeron formación para la población inmigrada, pensando en su integración social o en su inserción laboral. Progresivamente se abrieron servicios de visita a personas detenidas en Centros de Internamiento de Extranjeros (CIE), comunidades de hospitalidad, proyectos que daban a conocer la diversidad religiosa propiciando el encuentro, otros centrados en la mujer migrante, en la promoción de la ciudadanía a través del asociacionismo y la participación...

El SJM hizo un esfuerzo de sistematización. En 2010 reconoció que su misión se movía entre dos polos en tensión: la población migrante en situaciones de mayor vulnerabilidad y una sociedad cada vez más diversa llamada a integrarse. Igualmente, a la hora de pensar qué requería un esfuerzo local, centrado en las obras apostólicas, y qué precisaba un esfuerzo común, el SJM formuló lo que luego se dio a conocer como el «ciclo de la misión»: convivir, acompañar, servir, reflexionar (investigar), sensibilizar a la sociedad e incidir en los poderes públicos. Estos verbos representan como una pirámide ascendente, que va desde el compromiso local hacia el más universal.

Para ir finalizando este bosquejo del SJM, es preciso señalar las conexiones internacionales, sobre todo con las redes hermanas en Latinoamérica-Caribe y en Europa, sin desdeñar la

Red Global de Incidencia Ignaciana sobre migraciones (GIAN, acrónimo de Global Ignatian Advocacy Network). La red que vio realizaciones más concretas fue la que se tejió con el JRS en Europa, especialmente los esfuerzos comunes en la «Frontera Sur», donde las instituciones europeas externalizan el asilo, y en los centros de detención (los CIE) en España.

Ciertamente, el SJM brota de una intuición de la Congregación General 32 que enriqueció luego la Congregación General 34, añadiendo al binomio fe-justicia las perspectivas de los diálogos entre culturas y religiones. Una visión de la realidad honda, respetuosa con la complejidad, y que requiere la construcción de obras apostólicas y el desarrollo de iniciativas exigentes.

Un itinerario fe-justicia-reconciliación

Jesús María Alemany Briz, SJ, Zaragoza

Mi relato comienza con una experiencia personal que me preparó para la misión fe-justicia. Cuando me dedicaba a la tesis doctoral en 1969, el obispado de Rottenburg me nombró capellán de la Misión Católica para emigrantes españoles en Tubinga. Alternar largas horas de biblioteca para mi tesis con la dura realidad de los trabajadores me hizo sentir que nunca podría ser un estudioso alejado de la realidad del sufrimiento.

En 1971 regresé a España, destinado al recién creado Centro Pignatelli de Zaragoza. Allí intentamos ayudar a acercar la formación en la fe y el compromiso frente a las injusticias. Teníamos muy claros, en el tardofranquismo, dos objetivos: en cuanto a la fe, formar creyentes en el espíritu del Vaticano II; en cuanto al compromiso, colaborar para traer la democracia a España. Cuando la Congregación General 32, pilotada por Arrupe, proclamó que «la misión de la Compañía de Jesús hoy es el servicio de la fe, del que la promoción de la justicia constituye una exigencia absoluta», comprendí mejor la línea solo intuida en el Centro Pignatelli. Otros centros hermanos que fueron surgiendo en España se conocerían como Centros Fe-Cultura-Justicia.

En 1984 nos llegó una sorpresa. En medio de la segunda guerra fría, la amenaza nuclear, el clima de terror en Europa y un potente pacifismo, Aragón era una región muy militarizada, con presencia de la base aérea norteamericana. El primer gobierno autónomo pidió al Centro Pignatelli que creara una instancia de estudio y diálogo para la paz, con el fin de incluirla en el nuevo proyecto. Desconcertados, la consulta a nuestros superiores nos hizo comprender que el trabajo por la paz era una faceta de la misión fe- justicia. Aunque un tanto asustado por el encargo, acepté coordinar en el Centro Pignatelli el Seminario de Investigación para la Paz. Fue un parto difícil en momentos muy tensos, pero en 2002 la Compañía de Jesús lo constituyó en fundación, con personalidad jurídica propia, y en 2024 ha podido celebrar sus 40 años.

Primero tuvimos que revisar la semántica de los conceptos de «paz» y «justicia». Comprobamos que la justicia se entendía de una manera excesivamente socioeconómica y la paz de forma puramente negativa, como ausencia de guerra. Las aportaciones del sociólogo noruego Johan Galtung nos ayudaron a «resetear» los conceptos de paz y de justicia. Ni la paz es solo la ausencia de violencia directa ni la justicia queda reducida a una consideración económico-social. En las Jornadas Fe-Justicia de Gijón en 1990 pudimos compartir el ensanchamiento del concepto de justicia en el marco del binomio fe-justicia que habíamos asumido.

Seguir los procesos reales de paz del siglo XXI nos llevó al reencuentro con la reconciliación. No era una necesidad descubierta ahora; era un rasgo fundacional de la Compañía de Jesús ya en sus primeros documentos. Precisamente la Congregación 32 justificó la reformulación de la misión en clave de fe-justicia como concreción de la reconciliación fundacional en un mundo lleno de injusticias. Tras la experiencia de estos años, las Congregaciones Generales 35 y 36 recuperaban la misión en esos términos: «Compañeros en una misión de reconciliación y de justicia». El padre general dedicó la respuesta a las cartas *ex officio* de 2014 a urgir a la reconciliación y al trabajo por la paz. Veíamos así cerrarse el círculo histórico de los jesuitas (reconciliación-justicia-reconciliación) desde la contemplación de la encarnación. El papa Francisco insistió en la triple reconciliación con Dios, con los hermanos y con la tierra, basada en una visión integral de la justicia.

Desearíamos que el Seminario de Investigación para la Paz pueda aportar en la Compañía de Jesús una pequeña especialización en los temas de la paz y la reconciliación, como «compañeros en una misión de reconciliación y de justicia».

Una evolución en mi manera de ser docente

María Teresa Fernández de Manzanos, Pamplona

Tengo 67 años y me jubilé como profesora de biología del colegio San Ignacio de Pamplona hace tres cursos. Varios momentos de mi vida profesional han cambiado mi forma de trabajar, y, sobre todo, me han transformado interiormente.

Recuerdo mi paso por Salamanca en 1991 y 1992 como un cambio en la forma de ver el colegio. Dejé de verlo como un centro donde lo importante era la excelencia académica y el control actitudinal de los alumnos y empecé a sentirlo como un lugar donde se educa a la persona, donde el ponerse en la piel de los alumnos, apostar por ellos, no juzgar y, en definitiva, quererlos era la clave para su crecimiento y para que ellos aprendieran a percibir, juzgar, pensar, elegir y actuar en favor de los derechos de los demás.

Unos años más tarde, en 1997, empezamos a conocer Alboan, la ONG de la Compañía, que nos invitaba a trabajar las asignaturas de otro modo, integrando en nuestros currículos la pedagogía ignaciana y la justicia de forma natural y sincera; pero para eso antes teníamos que formarnos nosotros, los profesores, y estar dispuestos a un cambio personal y comprometido. Descubrimos un nuevo modo de proceder a la hora de realizar las unidades didácticas: debíamos mirar con otros ojos nuestras asignaturas, reflexionando y estudiando cómo darles forma para trabajar con ellas.

De aquel encuentro salimos con el propósito de trabajar junto con la sección de educación de Alboan, y con su ayuda elaboramos unas cuantas unidades didácticas que fuimos integrando en nuestras programaciones. Se formaron también las comisiones de solidaridad, con las que aprendimos a integrar el servicio de la fe y la promoción de la justicia en nuestro quehacer diario. En adelante, la promoción de la justicia ya no sería una ocupación solo de los que se dedicaban a los pobres, sino también una preocupación en nuestras tareas académicas.

En biología preparamos la unidad didáctica «Ciencia y (r) evolución», en la cual cuestionamos varios aspectos del mundo científico: el mito de lo científico como absoluto (con un texto para debate) o el de los expertos como seres infalibles (con encuestas); la relación entre ciencia, cultura, valores y sociedad, atendiendo al conflicto y resolución de problemas; el pensamiento racista explicado en genética; la diversidad cultural, racial y social como fuente de riqueza; la visión de la mujer a lo largo de la historia (analizando textos de neurólogos que avalan el distinto tamaño de los cerebros)... Especial importancia tuvo la vida de un científico, Charles Darwin, para explicar la teoría de la evolución con un procedimiento nuevo: aprender los papeles de los protagonistas de la vida de Darwin y ponernos en su lugar. Del mismo modo, mediante unidades didácticas, se trabajaban otras asignaturas como historia, lengua y filosofía.

Durante esos años la comisión de solidaridad planteaba las Semanas Solidarias, con el fin de acercarnos a realidades distintas y situaciones que nos parecen lejanas a nuestras vidas y nuestras aulas. Si, por ejemplo, se producía alguna catástrofe, la localizábamos geográficamente; estudiábamos la historia del país, su flora y fauna; comíamos platos típicos de allí y aprendíamos bailes y canciones. También conocimos a personas de esas naciones que nos contaban su experiencia y valoramos conceptos como «vulnerabilidad» y «explotación».

Desde 1987 hasta 2023 el colegio ha ido cambiando en políticas de admisión de alumnos, en la contratación de profesores, en estrategias para formar a la mayor parte del profesorado en nuestra espiritualidad ignaciana, en nuestra capacidad de reflexión y en el uso de los recursos de que disponemos.

Soy madre de dos hijos que no estudiaron en colegios de la Compañía y puede ser que la formación académica sea muy parecida, pero creo que muchos de nuestros alumnos tienen un compromiso firme y realista para hacer de nuestro mundo otro, con una formación sólida, gran cohesión comunitaria y una conciencia clara de nuestra identidad.

La lluvia fina que empapa el alma: crónica de una mística compartida

Abel Toraño, SJ, Valencia

Mi historia con la Compañía de Jesús comenzó en 1987, una época en la que el decreto 4 ya no era una novedad revolucionaria sino un horizonte de misión que empapaba todo. Hoy, desde Valencia –precisamente donde el padre Arrupe pronunció aquel discurso histórico a los antiguos alumnos–, miro hacia atrás y veo que estos cincuenta años han sido un proceso de *honda profundización*, un continuo ir y volver a nuestras raíces, para descubrir que la justicia es un brote inseparable de la raíz de la fe.

Pienso que el decreto 4 ha sido como una «lluvia fina». No se nota el caer del agua en cada momento, pero, pasado el tiempo, te das cuenta de que ha ido empapando toda la realidad de la Compañía, desde los colegios y universidades hasta las parroquias y centros de espiritualidad. Las apuestas que en los años 70 y 80, por su novedad y radicalidad, vinieron acompañadas de no pocos malentendidos y fricciones, hoy las vivimos con una *serena naturalidad*. Quedará mucho por hacer, pero es de justicia reconocer las conquistas realizadas.

Recuerdo con una sonrisa la diferencia entre mi época de novicio y la actualidad. Cuando era novicio, pasé mi primer verano en la enfermería de Loyola, donde recibí la visita de mi familia. Mi padre y mis hermanos pasaron la noche en la comunidad. Era una novedad que entraran varones no jesuitas en las comunidades, porque la «clausura» era bastante estricta; mi hermana tuvo que dormir en una casa de religiosas cercana a la nuestra. *Creo que hemos ganado mucho en humanidad* desde entonces. Aquellas normas, bastante rígidas, han ido dando paso a una normalización de lo cotidiano que nos hace mucho más humildes y cercanos a la gente.

Una prueba hermosa de este cambio la viví siendo maestro de novicios en San Sebastián, justo cuando estalló la pandemia del COVID. Decidimos, con el apoyo total de la comunidad, acoger a tres jóvenes marroquíes de unos veinte años. Vivieron con nosotros cuatro meses; compartimos techo, mesa, y hasta los acompañamos en su celebración del Ramadán. Ver cómo jóvenes jesuitas en formación integraban aquella convivencia de forma natural, sin fingimientos, me hizo comprender que el decreto ha logrado *sacralizar lo cotidiano*, convirtiendo nuestras casas en verdaderos espacios de hospitalidad.

Como formador durante diez años, he visto cómo ha cambiado el perfil de quienes llaman a nuestra puerta. Si en mi generación la mochila venía cargada de un compromiso social bastante ideológico, hoy los jóvenes entran movidos por una *sed de interioridad y por la búsqueda de una experiencia profunda de Dios*. Uno de mis retos con los novicios consistió en ayudarles a descubrir y a vibrar con esa fe que, si es íntegra, si es plena, lleva inexcusablemente a la justicia. Les pedimos a los jóvenes en formación que vayan adquiriendo robustez personal, «piel recia», para aguantar las dificultades del mundo, pero manteniendo siempre la ternura y la cercanía de quien se siente enviado a una misión de reconciliación.

Para mí, la justicia evangélica encuentra un icono perfecto en la parábola del hijo pródigo: es el esfuerzo del Padre por sentar a todos a la misma mesa, especialmente a los más desfavorecidos, a los que no cuentan, para que nadie quede fuera del banquete. Sé que a los jesuitas en muchas ocasiones nos puede tentar la comodidad y que nos falta ser aún más «ligeros de equipaje», pero noto que la Compañía tiene algo que bulle dentro, un gran regalo que nos anima y nos lanza a no conformarnos y a mantener esa *mística* en la que la justicia no solo es acción, sino que se convierte en palabra y en silencio orante; esa mística en la que van de la mano la contemplación y el compromiso con este mundo herido y querido. Solo así seguimos siendo compañeros de Jesús en las fronteras de este mundo.

El eco del decreto Fe-Justicia en el amanecer de la hospitalidad

Alberto Ares, SJ, Bruselas

Era septiembre de 2015 cuando las imágenes de Aylan Kurdi, el niño sirio ahogado en las costas turcas, sacudieron las conciencias de medio mundo. Desde mi despacho como delegado del sector social de los jesuitas en España, veía cómo aquella fotografía se convertía en símbolo de una realidad que llevábamos años presenciando en nuestras obras: la mayor crisis de refugiados desde la Segunda Guerra Mundial había llegado a las puertas de Europa.

Más de un millón de personas buscaron protección internacional en Europa ese año. Las cifras eran abrumadoras, pero detrás de cada número había rostros concretos, historias de dolor y esperanza que conocíamos de cerca en centros del SJM como Pueblos Unidos, donde había sido director el año anterior.

Recuerdo perfectamente las reuniones que mantuvimos en aquellos días. No era solo una cuestión de eficiencia organizativa o de recursos disponibles. Era algo más profundo lo que nos movía. En cada conversación, en cada decisión, resonaba el eco de aquella intuición ignaciana que la Congregación General 32 había formulado con tanta claridad cuarenta años antes: «… el servicio de la fe, del cual la promoción de la justicia es una exigencia absoluta».

Cuando diseñamos lo que luego sería hospitalidad.es, no partíamos de cero. Durante décadas, la Compañía había ido tejiendo una *red de presencias en las fronteras*: el Servicio Jesuita a Migrantes, Entreculturas, Alboan, Red Mimbre, las comunidades de inserción en barrios populares, parroquias, diversos colegios y universidades. Todo ese camino recorrido desde el decreto 4 de 1975 había preparado el terreno para ese momento. La opción preferencial por los pobres, que había llevado a tantos jesuitas a vivir en favelas y barriadas, encontraba ahora una nueva expresión en las *comunidades de hospitalidad.*

La decisión no fue improvisada. Surgió del discernimiento compartido en el sector social y en toda la provincia, pero también de la interpelación que nos llegaba desde las personas que acompañaban estas realidades. Era como si toda la provincia sintiera que ese momento exigía una respuesta a la altura de nuestra tradición apostólica.

El programa que pusimos en marcha tenía cuatro ejes: acogida directa, cooperación internacional, sensibilización e incidencia pública. Pero lo que le daba alma era algo que va más allá de la eficacia técnica. Era la convicción de que «la hospitalidad es la expresión cristiana de la acogida del Otro». No se trataba solo de dar respuesta a una emergencia, sino de *visibilizar una manera distinta de entender la convivencia humana.* Hasta comenzamos a caminar juntos a través de «Caminos de Hospitalidad».

Vivir en una comunidad de hospitalidad en Madrid, compartiendo casa con jóvenes migrantes y refugiados, me enseñó algo que ningún documento podía transmitir. La fe-justicia no es solo una consigna o un programa apostólico; es una forma de vida que transforma tanto al que acoge como al acogido. Cuando compartes mesa, preocupaciones y esperanzas con quien ha tenido que dejarlo todo atrás, experimentas en carne propia lo que significa que «la promoción de la justicia es una exigencia absoluta» de la fe.

Las dificultades no tardaron en aparecer. Los recursos eran limitados; los procesos burocráticos, eternos; las resistencias sociales, evidentes. Pero cada obstáculo nos recordaba por qué estábamos ahí. No era solo una cuestión de gestionar mejor la acogida, sino de *ser signo* de otra manera de relacionarnos con el sufrimiento del mundo.

Diez años después, el programa hospitalidad.es ha acompañado a cientos de personas migrantes y ha generado una red de comunidades de hospitalidad que se extiende por toda España, y también por Europa y el mundo. Más importante aún: ha revitalizado comunidades jesuitas y ha movilizado a familias, parroquias y movimientos laicales, llegando hasta el mismo GIAN Migration e impulsando lo que podríamos llamar una «cultura de la hospitalidad».

Cuando miro hacia atrás desde mi responsabilidad actual en JRS Europa, reconozco en aquella experiencia el eco profundo del decreto 4. No fue casualidad que aquella decisión surgiera desde el sector social, como otras iniciativas más actuales, entre las que está la respuesta a la emergencia en Ucrania. Durante décadas, la reflexión sobre la fe-justicia ha ido madurando, creando una *sensibilidad apostólica* que nos permite leer los signos de los tiempos y responder con audacia evangélica.

La fe-justicia no es una idea abstracta. Se hace operativa en decisiones concretas, en opciones que comprometen a personas y recursos, en la valentía de abrir puertas cuando otros las cierran. Hospitalidad.es fue una de esas decisiones que, sin saberlo del todo en aquel momento, actualizaba para nuestro tiempo la intuición más honda de la experiencia ignaciana: que no hay anuncio creíble del Evangelio sin compromiso real con los crucificados de la historia.

Al cabo de los años, puedo decir que aquel programa no solo cambió la vida de quienes fueron acogidos. Transformó también a la Compañía de Jesús en España, recordándonos que seguir a Jesús hoy significa caminar junto a quien busca refugio, un hogar, haciendo de la hospitalidad no solo un programa sino una forma de ser Iglesia en el mundo contemporáneo.

Formación Profesional Básica: un mosaico de reconciliación en la misión de fe y justicia

Pedro Giner, Valencia

Cincuenta años después de la promulgación del decreto Fe-Justicia, su influencia se manifiesta de maneras diversas, como un mosaico donde cada pieza aporta una perspectiva particular. En nuestras Escuelas de Valencia, una de esas piezas es la Formación Profesional Básica, una apuesta concreta por los más vulnerables del sistema educativo. No es un apostolado más; es una dimensión integral de nuestra misión de evangelización y promoción de la justicia.

Los chicos y chicas que llegan a Formación Profesional Básica a menudo han sido descartados. Traen consigo el peso del fracaso, la frustración y, a veces, una profunda rabia contra sí mismos, sus familias y una sociedad que sienten que les ha fallado. Para muchos, esta experiencia se convierte en un camino de *reconciliación*. Aquí, descubren que, a pesar de las dificultades y las injusticias vividas, la liberación total y definitiva es posible. Aprenden habilidades, sí, pero sobre todo se les ayuda a reconocer y respetar su propia dignidad y la de los demás. Empiezan a sentirse útiles, a ver que tienen algo que ofrecer al mundo, que su vida tiene sentido y destino.

El grupo, la *comunidad* de clase, juega un papel fundamental en este proceso. Lejos de las etiquetas del pasado, el grupo de compañeros se convierte en un lugar donde la fraternidad es posible. Comparten miedos, luchas y pequeñas victorias. Es un espacio donde pueden sanar viejas heridas, acompañados por otros que transitan caminos similares. En esta comunidad, basada en la participación y no en el acaparamiento o la exclusión, encuentran el apoyo necesario para reconstruirse.

Vemos ejemplos a diario. Sergio llegó enfadado con la vida, durmiendo en parques, todo un ejemplo de una injusticia encarnada también en estructuras. Pero en la Formación Profesional Básica encontró un lugar y un propósito. Hoy, con su trabajo, ayuda a sus padres a pagar la hipoteca. Su historia es un testimonio concreto del fruto a largo plazo, de cómo caminar pacientemente con los pobres les ayuda a hacerse cargo de su destino. O Aitor, que era un alumno en protección y hoy, aunque vive en la calle, sigue viniendo al colegio. Para él, el centro es casa y refugio, un ancla a pesar de las circunstancias difíciles. Su presencia constante nos recuerda que nuestra misión es servir a quienes tienen una vida difícil y son colectivamente oprimidos, y que el servicio humilde puede llevar a descubrir a Jesucristo en el corazón de sus luchas.

Pero este trabajo no es fácil. El *equipo* que acompaña a estos jóvenes se enfrenta constantemente a sus límites. Son chicos y chicas que nos cuestionan, nos llevan al extremo y exigen de nosotros solidaridad y complicidad. Se requiere discernimiento constante y una fuerte cohesión comunitaria para sostenernos mutuamente. A veces sentimos el peso de las dificultades y los obstáculos desmedidos. Sin embargo, sabemos que trabajar por la promoción de la justicia y estar insertos entre ellos es una manera de confrontar nuestra fe, esperanza y caridad apostólica. No trabajaremos en esto sin pagar un precio, pero es lo que hace más significativo nuestro anuncio del Evangelio. Esta responsabilidad, que nos pide una transformación personal y comunitaria, es vital para manifestar que la esperanza cristiana impulsa a un compromiso firme para hacer de nuestro mundo, y del suyo, un lugar más justo y humano.

Fe que obra por la justicia: una relectura del decreto 4 desde Vallecas

Juanjo Rodríguez Ponce, SJ, Madrid

La Congregación General 32 de la Compañía de Jesús marcó un punto de inflexión en nuestra historia al proclamar que nuestra misión es «el servicio de la fe, del que la promoción de la justicia constituye una exigencia absoluta». Su decreto 4, titulado *Nuestra misión hoy: el servicio de la fe y la promoción de la justicia*, no solo introdujo una nueva formulación del carisma ignaciano, sino que vino a despertar a muchos compañeros jesuitas a la toma de conciencia de que nuestra fe en Jesucristo como Salvador de la humanidad nos pide no solo una conversión personal, sino también un cambio en las estructuras sociales. Para la gran mayoría de jesuitas, este fruto de la Congregación se recibió como una gracia para toda la Compañía y para toda la Iglesia, a lo que contribuyó admirablemente el entonces general, Pedro Arrupe.

Una de las primeras opciones con las que la Compañía en España encarnó esta llamada la encontramos en el madrileño barrio de Vallecas, donde se apostó por una presencia de inserción y compromiso con el mundo obrero. Allí fuimos enviados jesuitas jóvenes, entre los años 1968 y 1975, a ejercer el magisterio en El Pozo del Tío Raimundo, donde hablar de misión supone, ineludiblemente, hablar de la figura del padre José María de Llanos, clave de cómo el decreto 4 salta de la letra a la vida.

Llanos, que pasó de capellán de Franco a cura obrero, representa una de las conversiones más llamativas del posconcilio español. Podemos decir que en Vallecas encontró su «segunda conversión», descubriendo que la fe también puede vivirse en los descampados, en las fábricas, en los comedores sociales o en las asambleas de vecinos.

Para mí, por aquel entonces uno de los cinco jóvenes estudiantes jesuitas allí destinados, la acogida de la formulación del decreto y, sobre todo, del binomio fe-justicia suponía un verdadero soplo del Espíritu para toda la Compañía y para los que nos acercamos a la periferia del sureste de Madrid a hacer presente el Reino en uno de los barrios más deteriorados de la capital de España. Nuestra mirada a los vecinos que habitaban en pobres chabolas quería responder a lo que Cristo hubiera dicho y hecho a la hora de aliviar su situación de pobreza extrema. Del mismo modo, nuestra manera de orar era también muy concreta, como concreta era nuestra forma de contemplar la realidad de los vecinos, todos inmigrantes.

Recordábamos aquel texto de Lc 7,19-23 donde los discípulos del Bautista, después de que este fuera arrestado, van a Jesús a preguntarle si él es el Mesías o tienen que esperar a otro. Y Jesús les respondió diciendo: «Id y anunciad a Juan lo que habéis visto y oído: los ciegos ven, los cojos andan, los leprosos quedan limpios y los sordos oyen, los muertos resucitan, los pobres son evangelizados».

Nuestra presencia de encarnación en el barrio, a la que también se refiere el mismo decreto 4, hablaba de la necesidad que tiene nuestra misión de transformar las estructuras sociales, tema que el mismo padre Arrupe presentaba a los antiguos alumnos, invitándolos a trabajar por cambiar las estructuras para una mayor justicia social. Entonces también recordábamos aquellas palabras del obispo Hélder Câmara: «Cuando digo que hay que ayudar a los pobres, me dicen que soy bueno, pero cuando pregunto por qué hay pobres, me llaman comunista».

La relectura del decreto 4 desde Vallecas nos recuerda que la fe no es abstracta ni neutral. Es fe encarnada, situada, comprometida. Es fe que se hace justicia. Como dijo el propio Llanos: «No vine a Vallecas a ayudar a los pobres, sino a que ellos me ayudaran a ser cristiano».

Breve apunte sobre la justicia en una universidad jesuita: la formación básica del personal de administración y servicios y del personal docente e investigador en UNIJES

Albert Florensa Giménez, Barcelona

Han pasado ya cerca de dos décadas desde que se iniciaran en UNIJES los cursos de Identidad y Misión. Dirigidos a todas las personas que conforman las instituciones universitarias de la Compañía de Jesús en España, pretenden fundamentalmente dos objetivos:

a) Ofrecer una aproximación a san Ignacio, a la Compañía de Jesús y a la misión de las universidades jesuitas.

b) Conocer las características de una universidad jesuita, a partir del modelo Ledesma–Kolvenbach, para analizar nuestros programas, investigaciones y cultura universitaria en referencia a dichas características, e incorporar aquellas que sean pertinentes.

Ambas metas incluyen referencias a la justicia. Por una parte, al hablar de la misión de la Compañía no puede obviarse el binomio fe-justicia y, por otra, adentrarse en el modelo Ledesma-Kolvenbach, que desea caracterizar una universidad jesuita, obliga a presentar la *iustitia* como uno de sus pilares, juntamente con la *humanitas*, la *utilitas* y la *fides*.

No cabe la menor duda de que la *utilitas* y la *humanitas* deben distinguir a cualquier institución universitaria, pero la *fides* y la *iustitia* son también irrenunciables si una universidad se define como jesuita. Una universidad de este tipo que obviara la *fides* y la *iustitia* caería en una incoherencia fatal, pues la misión de la Compañía, como hemos afirmado, está vinculada a la fe y a la justicia.

Centrándonos ahora en la *iustitia*, la dificultad radica en cómo encarnar esta dimensión en nuestras instituciones. No debe sorprendernos que en las distintas ediciones de nuestros cursos de formación los participantes se manifiesten sobre este tema ni que se produzcan debates intensos y profundos, en los que no solo se comparten razones sino también emociones. De esas ideas y sentimientos expresados, señalo muy sintéticamente tres aspectos:

a) La dimensión de justicia, añadida a sus valores propios, confiere a la universidad un plus de sentido, y no solo a la institución, sino al trabajo de cada una de las personas que están en ella. El compromiso en la promoción de la justicia hace patente el significado profundo de participar en la misión.

b) La universidad jesuita como institución –en su cultura, en su funcionamiento, en su día a día– debe vivir en coherencia con la justicia. ¡Cuántas decepciones se dan cuando el discurso es uno y la práctica es otra!

c) Hemos de estar atentos a las diferentes dimensiones del compromiso de la universidad para con la sociedad: ¿qué y para quién investigamos? ¿A quién ofrecemos nuestra formación y conocimientos? ¿Cómo enseñamos? ¿Cómo nos implicamos en la construcción de estructuras más justas?

Y nos damos cuenta de que el anhelo de justicia, como tantas otras aspiraciones legítimas, se vive en una tensión constante entre la excelencia que deseamos y las limitaciones que nos constriñen (los *rankings*, la fama, la viabilidad económica, etc.). Lejos del desánimo que lleva al cinismo o a la parálisis, normalmente fruto de la ingenuidad, debemos discernir entre todos qué es aquello que nos permite caminar hacia la justicia.

La presencia de los jesuitas en Bellvitge (1967-2025)

Carles Marcet, SJ, Barcelona

Propiamente la opción de inserción de una comunidad jesuita en Bellvitge nació antes de la Congregación General XXXII y su decreto Fe-Justicia. Fue la recepción gozosa del Vaticano II la que llevó a ese desplazamiento del centro a la periferia. Luego, sin duda, el decreto Fe-Justicia confirmó y estimuló esa opción. En aquellos inicios, Bellvitge era un barrio «nuevo y por estrenar», como «prefabricado» para alojar a personas procedentes del interior de la península en el extrarradio de Barcelona, donde las posibilidades de ganarse la vida y encontrar trabajo eran mayores (Seat, Seda, Butano...).

En el centro de Barcelona funcionaba por entonces una Academia de Estudios Sociales liderada por la Compañía. Muchos jóvenes participantes, así como estudiantes de los últimos cursos del colegio de Caspe, se sintieron altamente motivados para lanzarse a una «aventura social concreta y comprometida»: ir a vivir a ese nuevo barrio de Bellvitge junto a un grupo de tres jesuitas.

No se trataba, pues, de una «misión obrera», pero sí de una misión de inserción comunitaria comprometida en un ámbito popular y sencillo, por aquel entonces sin ningún tipo de equipamiento. Lo primero, pues, fue incorporarse a la lucha vecinal por conseguir unos mínimos de habitabilidad decente (atención sanitaria, educativa, asfaltado de calles...). Después de unos primeros años de «empaparse de la realidad» vino la pregunta y el discernimiento sobre qué modo de presencia, de mayor amor y servicio, sería la más oportuna y fecunda. Junto al mantenimiento de una vida comunitaria de inserción, se vio la necesidad de establecer también una presencia institucional, especialmente en tres campos que en aquel momento aparecían como más urgentes y necesarios.

En primer lugar, una presencia educativa. Las familias de Bellvitge procedían de un estrato sociocultural más bien bajo. Una gran ayuda para sobrevivir en la «jungla urbana» era ofrecer una buena educación básica y de formación profesional. Así empezó el Centro de Estudios Juan XXIII, que hasta el día de hoy es un referente de una formación profesional de calidad reconocida por muchas empresas. Era «de justicia» que las clases populares también pudieran acceder a una educación de calidad.

En segundo lugar, la Compañía apostó también por favorecer una educación más informal fuera de la escuela: campamentos, colonias, educación en el tiempo libre… Así nació el llamado «Club Rojo», liderado por monitores voluntarios, la mayoría procedentes de nuestros colegios clásicos de Barcelona. Muchos de ellos acabaron quedándose a vivir en el barrio. Hoy agradecen esta trayectoria, que les cambió la vida hacia una mayor sensibilidad y compromiso social y cívico.

En tercer lugar, la Compañía aceptó la oferta del obispado de liderar una de las parroquias del barrio: la de la Mare de Déu de Bellvitge, una parroquia que hasta el año 1993 era un sencillo barracón (como templo) y unos altillos (para reuniones, catequesis…). Los jesuitas vieron bien pronto la importancia de esta presencia institucional parroquial y, desde el principio hasta ahora, la han comprendido como una buena plataforma para cultivar una fe que, además de ser cuidada y celebrada comunitariamente, no se evade de la realidad social, sino que se implica transformadoramente en ella.

Gracias a ello, del seno de la parroquia nacerían a lo largo de los años diversas acciones que expresaban esa fe comprometida y esa implicación creyente: Casal de Abuelos, movimiento infantil-juvenil Mijac, movimiento popular Vivac, atención social en colaboración con Cáritas y, por último, la Fundación de Acción Social Bellvitge-Gornal «La Vinya», fruto del trabajo social en comunión con las parroquias vecinas del barrio y que hoy sigue realizando diversos proyectos de asistencia (visita a presos, banco de alimentos, centro de acogida para los sin techo, infancia y familia desestructurada, personas mayores solas...) gracias a la participación de muchos parroquianos voluntarios.

Esta ha sido, a grandes trazos, la manera de encarnar la opción fe-justicia de los jesuitas en Bellvitge. Creo que habría que añadir, aunque sea telegráficamente, lo siguiente:

a) Durante muchos de estos 57 años la comunidad de jesuitas de Bellvitge fue una comunidad de formación de jóvenes jesuitas. Esto indica una opción global de la entonces provincia tarraconense por una formación de los jóvenes jesuitas cercana a los ámbitos populares, donde tanto la fe como la justicia estaban amenazadas.

b) Ha existido una disposición permanente a auscultar los «signos de los tiempos», siempre cambiantes en una trayectoria de 57 años. Ello ha implicado un esfuerzo de adaptación a las nuevas realidades: nuevas necesidades y carencias sociales y nuevos lenguajes y prácticas de transmisión de la fe.

c) Este esfuerzo de adaptación ha tenido también sus concreciones. La comunidad jesuita se ha convertido en comunidad de hospitalidad y de acogida, especialmente para la población emigrante extranjera (segunda ola migratoria, ya no nacional, muy visible y creciente a partir del año 2000). También la comunidad se ha esforzado por aglutinar lo que a partir de la década de

2010 se ha llamado «Misión Bellvitge», en un intento de visibilizar nuestra opción fe-justicia en comunión y colaboración desde los diversos ámbitos donde hemos estado presentes: Colegio Juan XXIII, Parroquia Mare de Déu de Bellvitge, Fundación Social «La Vinya» y comunidad de jesuitas.

No es fácil calibrar el fruto que todo esto haya podido dar. Tal vez quienes mejor lo han expresado son los muchos vecinos y parroquianos que, enterados del fin de nuestra presencia en el barrio, nos vienen a decir de diversos modos: «Bellvitge no será lo mismo sin vosotros; os echaremos de menos». Es como un reconocimiento tácito de una larga trayectoria en la colaboración solidaria por una mayor justicia social, en un barrio que podría haber sido postergado y marginado, mediante la acción ciudadana, educativa, social y promotora de nueva fe y esperanza.

Ante Auschwitz y Ceuta, ¿a favor de quién quiero vivir?

Jokine Miranda y Alexis Bueno, SJ, Barcelona

Hace ahora 50 años, en el decreto 4 de la Congregación General 32, la Compañía de Jesús redefinía su misión como un «servicio de la fe, del que la promoción de la justicia constituye una exigencia absoluta» (número 2). Un buen ejemplo del impacto del decreto 4 en la vida de los centros de la Fundació Jesuïtes Educació es el «Escenario Frontera», un programa que nace de la necesidad de generar escenarios pastorales, vinculados al currículum, donde el binomio fe-justicia sea eje fundamental del diseño pedagógico. Como dice el decreto 4:

> «No hay promoción propiamente cristiana de la justicia integral sin un anuncio de Jesucristo [...]. Y, a la inversa, no hay verdadero anuncio de Cristo [...] sin un compromiso resuelto por la promoción de la justicia» (n. 27).

Buscamos que nuestro alumnado pueda comprender desde dentro por qué «la fe sin obras está muerta» (Sant 2,26) y hacerlo en el momento actual, marcado por fronteras físicas, culturales, sociales y espirituales. Por ello, invitamos al alumnado de las etapas posobligatorias a acercarse y contemplar dos realidades concretas muy interpeladoras: Auschwitz y Ceuta-Almería (la «Frontera Sur» de Europa). El escenario integra experiencias vivenciales (viajar a Auschwitz y Ceuta, cosa que no pueden hacer todos los alumnos por limitación de plazas o dificultad económica) con acciones sociales locales y experiencias en el aula, que sí harán todos. El conjunto de actividades tiene una buscada dimensión vocacional. La pregunta-lema del escenario es: ¿*a favor de quién quieres vivir?*

Aspiramos a que la *frontera* deje de ser un lugar geográfico para convertirse en un espacio pedagógico y espiritual donde el alumnado se encuentre con la fragilidad, el mal y el compromiso; donde se confronte con el sufrimiento del otro y se vea interpelado en sus certezas, esquemas mentales, privilegios y valores. En el encuentro con la alteridad aparece la oportunidad de desarrollar la propia capacidad crítica, la compasión y el compromiso por el bien común. Tal como planteaba Ignacio Ellacuría, este proceso implica tres etapas: *hacerse cargo* de la realidad, *dejarse cargar* por ella y, finalmente, *encargarse* de ella desde la propia libertad[1].

La propuesta se sitúa en el horizonte de lo que podríamos denominar un verdadero «currículum católico», enraizado en contextos de vida y de experiencias significativas. Y conecta con los principios de la LOMLOE: un aprendizaje competencial y significativo. No proponemos ni asistencialismo ni adoctrinamiento, sino una educación integral que articule razón y corazón, saber y sentido, justicia y fe.

El decreto 4 nos recuerda que «el hombre puede hoy día hacer el mundo más justo, pero no lo quiere de verdad» (n. 27). En un mundo herido, fragmentado y a menudo indiferente, proponemos el *encuentro real con el otro*, con el diferente, con el excluido[2]: en Ceuta, en Auschwitz, en los barrios de Barcelona,

---

[1]   Cf.J.Laguna,*Hacersecargo,cargaryencargarsedelarealidad*,Cuaderno CiJ 172, 2011.

[2]   Como dice el decreto 4: «Caminando paciente y humildemente con los pobres aprenderemos en qué podemos ayudarles, después de haber aceptado primero recibir de ellos» (n. 50).

Hospitalet o Lleida, en los pasillos y patios de los colegios.... Solo así podemos formar personas capaces de ver «todas las cosas nuevas en Cristo» (Congregación General 35) y de vivir la fe como lo que verdaderamente es: una fuerza de reconciliación, justicia y esperanza.

Arrupe y los colegios del mañana

Juan Francisco Naranjo, SJ, Málaga

Al releer de nuevo el decreto 4, llamó mi atención que se nos invitaba entonces a repensar y discernir cómo habría de ser el sector de educación a la luz de ese decreto. Las vivencias de hace cincuenta años inspiran este relato.

Arrupe impulsó la implementación de la Congregación General 32 en los distintos sectores apostólicos. La alocución *Nuestros colegios: hoy y mañana* era como una concreción del decreto 4 que hacía el mismo Arrupe al sector de enseñanza a los cinco años de la Congregación 32.

El colegio del mañana lo intuía Arrupe con pocos jesuitas y muchos colaboradores laicos. Estos son «agentes multiplicadores, corresponsables colaboradores de la plenitud de nuestra misión», integrados «en los cuadros directivos, incluso la dirección del centro»[1]. A dicha colaboración, exigida por el Vaticano II, solo le pone la condición de que sean «auténticos laicos perfectamente sintonizados con el ideal ignaciano. Será la única fórmula de supervivencia si queremos que siga haciéndose en él [en el colegio] educación ignaciana».

En nuestra provincia de España, gracias a fórmulas imaginativas como las de las fundaciones, la Compañía acoge en

---

[1] Pongo las citas textuales de la alocución *Nuestro colegios: hoy y mañana*, pronunciada en el simposio celebrado en Roma en 1980. Recurro a ello para reflejar lo más exactamente posible el pensamiento del padre Arrupe sin tener que multiplicar las notas a pie de página, más propias del estudio del documento que de este relato.

enseñanza presencial a más de 65 000 alumnos, atendidos por unos 6000 educadores en 70 centros. No son los «colegios de jesuitas» de antaño, pero sí son «ignacianos». De aquellos ya decía Arrupe que «mantener tal relación jesuitas / alumnos [hablaba de 50 jesuitas dedicados a 200-300 alumnos] hoy sería eclesialmente escandaloso, y añorarla sería una equivocación».

En los «colegios de jesuitas» ya en los años 80 se integraron seglares en los cuadros directivos; en los 90 se nombran directores seglares; y en la actualidad solo dos de esos centros tienen a un jesuita como director.

Pero sí «hemos de prestar el servicio que Dios y la Iglesia quieren que prestemos "nosotros": la educación ignaciana» ha de caracterizarse por su «excelencia (académica, humana y cristiana)». Es una educación que ha de ser juzgada por «su producto: si formamos "hombres para los demás"». Exponer «la excelencia (ignacianidad)», el modelo de persona que Arrupe esperaba que saliera de nuestros colegios y el papel de esos «pocos jesuitas –principio inspirador de la gran comunidad educativa a la que aglutina y le da sentido–», que también detalló en aquel simposio, requerirían nuevos relatos similares a este.

Otra nota de los colegios del mañana, que señala Arrupe, es que «estamos para *educar a todos sin distinción*. Ni puede ser de otra manera, porque el apostolado educativo, como todo apostolado de la Compañía, lleva la indeleble impronta ignaciana de la universalidad. Esa apertura total hay que conjugarla con nuestra opción preferencial por los pobres. La Compañía no puede reservar exclusivamente para los pobres su apostolado de la educación», a la vez que «el acceso de los alumnos no puede estar condicionado por sus posibilidades económicas». Debió de ser este uno de los criterios que en 1985 llevó a la Compañía de España a optar por los conciertos educativos en todos sus colegios, con el objetivo de ofrecer educación abierta a todos –y gratuita– en los niveles obligatorios.

Arrupe fue un auténtico profeta que, interpretando los signos de los tiempos, supo prever el futuro y dar una respuesta global a la misión de la Compañía, también en el campo de la educación, desde una fe inseparablemente unida a la promoción de la justicia.

Elogio de la conjunción «y»

Augusto Hortal, SJ, Madrid

Regresé de Alemania en 1975, con mi doctorado recién concluido, justo cuando el decreto Fe-Justicia comenzaba a agitar las aguas de la Compañía en España. Aquí la recepción quedó dividida en tres bloques: el recelo de los antiguos, el entusiasmo ideológico de los jóvenes, y un grupo intermedio que lo recibió con una mezcla de gusto y reticencia. Mi generación se sentía hija del Concilio Vaticano II, no porque lo hubiera hecho, sino porque el concilio nos hizo a nosotros, llevándonos a creer que era posible reconciliar al mundo con el cristianismo.

En aquel contexto de 1975, veníamos de una Iglesia *nacionalcatólica* de mucha moral y mucha jerarquía. El decreto 4 confirmaba una sospecha que ya latía en nosotros: la fe no puede separarse de la justicia. Para explicarlo, siempre recurro a la palabra más corta de la Biblia en castellano: la «y». Esa «maldita y», que decía el teólogo Karl Barth, es inseparable del catolicismo: Dios *y* hombre, Escritura *y* tradición, Dios *y* el césar, gracia *y* libertad, fe *y* justicia… En los años 70 dábamos la fe por supuesta; lo que importaba era la justicia, a veces incluso «marxistizada». Hoy, sin embargo, la relación se ha invertido: la justicia es aceptada socialmente, pero ahora la pobre y silenciada es la fe.

Mi experiencia personal con el binomio fe-justicia se desarrolló en dos escenarios diferentes: el aula universitaria y la periferia madrileña. En la universidad, mi misión era hacer que la justicia no se quede en un alegato ideológico, sino que constituya una propuesta de la ética racional que ilumine la responsabilidad social. Enseñé ética social y política, y más adelante ética profesional, convencido de que el criterio de evaluación de nuestra labor docente son los profesionales y ciudadanos que han ido saliendo de nuestras aulas.

Simultáneamente, mi vida transcurría en la «intemperie» de las comunidades periféricas. Mientras enseñaba en la universidad, viví en La Ventilla, San Blas, El Pozo del Tío Raimundo y el Barrio del Pilar. Compartí techo y mesa con el padre Llanos, ese «poeta y profeta» que buscaba «destemplar a la Iglesia» para acercarla al pueblo. La aspiración a la inserción se quedaba casi siempre en un paracaidismo cultural, en una difícil encarnación y en el torpe acompañamiento de un pueblo desarraigado de sus raíces religiosas y empeñado en salir adelante en sus luchas sociales.

A veces sentíamos que la jerarquía nos miraba con sospecha de «temporalismo». Andando el tiempo, el padre Kolvenbach y la Congregación General 34 supieron profundizar el decreto 4, enmarcando la relación fe-justicia como obra de reconciliación abierta al diálogo interreligioso e intercultural. El consenso terminó siendo aceptado con humildad y sin estridencias.

Hoy, a mis 88 años, miro hacia atrás con una satisfacción que nace de que esta misión de la Compañía universal es vivida por los jesuitas españoles como don y tarea. Si tuviera una varita mágica para cambiar mi pasado, quizás habría evitado algunos silencios y cierta neutralidad externa que a veces mantuvimos en la universidad. Me duele la escasez de vocaciones a la Compañía, pero me consuela saber que, ante esa escasez, la Compañía ha aumentado su colaboración con los laicos, aunque todavía nos falte mucho camino para vincularnos plenamente con ellos sin reticencias.

Mi balance personal se resume en una frase que últimamente me gusta repetir: «Aré lo que pude». «Aré», sin hache, en pasado, porque el crecimiento lo da el Señor cuando y como quiere. Me siento plenamente agradecido por haber cosechado rostros; también por haber sido, simplemente, una señal de tráfico que, aunque deteriorada, seguía indicando el camino hacia esa «y» donde Dios y el hermano se encuentran. El decreto 4 no fue un invento; fue la acogida de un cambio de época, en el que descubrimos que, aunque la Iglesia se fragilice oscilando incansablemente de un lado al otro de la «y», está viviendo el mismo destino de su Señor.

VOLPA, parte del legado de Arrupe que sigue latiendo

David Alonso, Madrid

El mismo año de la muerte de Pedro Arrupe surgía en España una red de voluntarios que, con el impulso de los jesuitas, asumían como misión la creación de una cultura basada en la justicia y la solidaridad. En aquel 1991, las diferentes provincias jesuíticas de entonces, hoy unificadas en una única provincia, impulsaban una red de voluntariado internacional, el Voluntariado Pedro Arrupe (VOLPA), vinculada a la Compañía de Jesús en España y promovida por ALBOAN, Volpa Cataluña y Entreculturas. Uno de los principales propósitos de este programa era –y es– crear vínculos, caminos de encuentro entre personas y comunidades a través de la cercanía personal. Todo el legado y la pasión por la interculturalidad de Arrupe, su alegría esperanzada y su clara determinación en la opción por la justicia como consecuencia de la fe se transmitían a un cauce nuevo abierto a personas inquietas, gente dispuesta y con un alma sin fronteras.

Ana y yo habíamos estado el verano de 1993 en Nicaragua, en un periodo de incertidumbre tras la derrota sandinista en las urnas, participando en un voluntariado con jóvenes promovido por las religiosas de la Asunción desde su labor educativa en la ciudad de León, en proximidad a las poblaciones afectadas por la erupción del Cerro Negro y a las comunidades rurales de Fe y Alegría. Conociendo el país y reconociendo nuestros deseos de seguir vinculados a aquel «lugar en el mundo», dimos con el padre Zubi, jesuita ejemplar y referente en nuestras vidas, que nos orientó a un voluntariado que estaba naciendo. El provincial de Toledo de entonces, José María Fernández-Martos, nos animó a comenzar el proceso de formación de VOLPA, que en Madrid se realizaba en Maldonado.

Aquella decisión cambió en gran medida nuestros planes desde la formación que recibimos, con nuestros compañeros de camino, en el curso de nueve meses –todo un parto– y nuestro nuevo destino no fue Nicaragua, porque casi nunca las cosas suceden como uno espera; en nuestro caso fue México. En VOLPA la opción siempre es encarnada, y tiene que ver con un enclave, unas comunidades y equipos concretos. Así fue como llegamos a Campeche, a Chiapas y a Quintana Roo, de la mano del Servicio Jesuita a Refugiados (SJR) en México, que acompañaba a la población guatemalteca refugiada tras huir del régimen de terror de su país.

Como diría Galeano, se nos abrieron las venas de esa América Latina que desconocíamos y también fue un despertar de la conciencia y un compromiso más firme, más consciente, incluso más alegre. En ese proceso cercano con las comunidades indígenas que vivían su duelo y luchaban por un futuro de dignidad, fuimos compartiendo su espiritualidad, su sentido de trascendencia. Fuimos madurando en ese compartir único, de manera que también fue desplegándose nuestra fe, que ganó en hondura y diversidad.

La vida me ha regalado estar muy cerca del programa desde diferentes roles en Entreculturas. Durante esta trayectoria de casi treinta y cinco años, construida por tantos voluntarios y voluntarias y por las personas y comunidades que acogen y acompañan, hemos ido constatando la gran capacidad que tiene el voluntariado internacional de larga duración para crear relaciones de vínculos profundos, de amistad transformadora, y para propiciar una mirada que reconoce las causas de la pobreza, de la injusticia, y se arriesga a ser parte del efecto transformador de la solidaridad.

Todavía hoy me sigo sintiendo *posvoluntario* de VOLPA, porque algo me une a la gente que inicia hoy el programa. A pesar del tiempo transcurrido y de la brecha generacional, compartimos una indignación que moviliza; sigo interpelándome sobre mis motivaciones y actitudes ante las realidades concretas de injusticia. Como tantas personas, me sumo al agradecimiento por el legado de Arrupe y de quienes han ido construyendo esta escuela de ciudadanía y humanización que transforma vidas y las entrelaza.

Huellas del decreto Fe-Justicia en Vigo

David Viso, Vigo

Desde la quinta planta de aquel edificio de la calle Sanjurjo Badía, en Vigo, se podía admirar el mar inmenso. Una vista que resultaba familiar, pero que también se mostraba abierta a lo desconocido, con su horizonte bañado por el verdor salado de la esperanza. Como la fe: a simple vista, piedad, pero que esconde mucho más en su profundidad.

Mientras llegaban a la cena Iván, Edu y Quico, Noe y David se ocupaban de prepararlo todo apresuradamente. Aquel encuentro supondría el nacimiento de la delegación local de Entreculturas, cuya sede sería inaugurada un tiempo después, un sábado de noviembre, a pocos días de la celebración del nacimiento del padre Arrupe, siempre inspirador…

La apuesta suponía además la osadía de asumir la gestación de una delegación local en pleno nacimiento de la Fundación –antes conocida como Fe y Alegría España– promovida por la Compañía de Jesús y a cuyo primer encuentro nacional ya habían acudido tres de aquellos jóvenes que se reunían a compartir la velada.

«El reto es grande, pero como creyentes no podemos dejar de implicarnos en la lucha por la justicia y la solidaridad», se decían, convenciéndose unos a otros.

Edu se había ausentado un tiempo de la ciudad por sus estudios y, aunque prometía apoyar la causa, de nuevo volvería a trasladarse al extranjero al cabo de unos meses. Quico asentía, secundando el proyecto desde su silencio cómplice, pensando cómo iba a compaginar su carrera de Medicina con el nuevo propósito solidario. David acababa de regresar a la ciudad después de haber iniciado su vida laboral docente en La Inmaculada de Gijón, donde Manolo Robla, SJ, le había insistido en la lectura de un texto importante para los jesuitas: *Nuestra misión hoy: servicio de la fe y promoción de la justicia.* «No dejes de leerlo, te va a encantar. Nos ha cambiado la vida a los jesuitas», decía Manolo con vehemencia.

En Vigo se habían generado las circunstancias favorables para acoger el desafío. Por un lado, Iván estaba orgulloso de la participación desde el Centro Loyola en la «Consulta social sobre la deuda externa», una iniciativa que había aunado esfuerzos de varias organizaciones sociales en favor de una causa común. Lecturas del manifiesto, una cadena humana, la comparsa de carnaval alternativa, un festival, conferencias, entrevistas en prensa y radio, una «pancartada» en la Plaza de América –uno de los lugares más emblemáticos de la ciudad olívica–… «Hasta conseguimos que el ayuntamiento aprobase una adhesión a la campaña», remató sonriendo.

Por otra parte, los jesuitas que acompañaban a los jóvenes en el Centro Loyola no dejaban de referirse a la vertiente del compromiso emanado de la fe, avanzando en propuestas de «acción social» desde el centro juvenil que dirigían, y tratando de incluir en los planes de formación de aquellas comunidades cristianas el ámbito de la justicia social.

Entre otros proyectos, bajo el nombre de «Nuestro norte es el Sur», hacía varios años que algunos jóvenes dedicaban parte de su verano universitario a colaborar como cooperantes en proyectos en Albania o, como *Zipi* y Nico, en Latinoamérica. Incluso Javi, unos meses antes, se había subido a un avión para aterrizar en Ruanda con el Servicio Jesuita a Refugiados, de la mano de Mateo Aguirre, jesuita también.

El mismo mar que servía su música de fondo después de la cena los reunía a todos en una misión compartida, mano a mano, ola a ola… con la sal de la esperanza.

La justicia evangélica brota de la fe

Pere Borràs, SJ, Barcelona

Yo entré al noviciado de la Compañía de Jesús (Raimat) en el año 1965. En aquel año se celebraba la Congregación General 31, en la cual se eligió superior general al padre Pedro Arrupe. Fue un momento de cambio de estilo en los planteamientos y enfoques del presente y futuro de la Compañía. Se trataba de adaptar la vida comunitaria y apostólica a las orientaciones del Concilio Vaticano II. Recibí la ordenación presbiteral en 1976, un año después de la Congregación General 32.

Esas dos fechas representan para mí las coordenadas de mi formación y vocación como jesuita en mis primeros años. Si miro esta realidad desde hoy, me doy cuenta de que viví un tiempo privilegiado. Cambio, renovación, acercamiento al mundo de los pobres... Un tiempo de esperanza. Desde ese contexto vital recibimos la Congregación 32 y su decreto 4: *la misión de la Compañía hoy es el servicio de la fe y la promoción de la justicia que brota de esa fe.*

Viví mi formación básica como jesuita en un barrio popular en L'Hospitalet de Llobregat. Como consecuencia de la inspiración de la Congregación General 31, la Compañía buscaba modos de concretar un nuevo estilo de vida espiritual, apostólica, de estudios y comunitaria en la formación de los jesuitas: vivir en un barrio popular y desde allí asistir a las clases de teología en la facultad de Sant Cugat del Vallès, experimentando más de cerca que los gozos y las esperanzas de los hombres de nuestro tiempo eran los gozos y las esperanzas de la Iglesia.

Era un tiempo de renovación y de espíritu. Aquella experiencia nos marcó profundamente. El padre Víctor Codina, SJ, impulsó y ayudó a canalizar estas inquietudes.

Y así fuimos entendiendo, antes de que fuera formulado por la Congregación 32, que la justicia evangélica brota de la fe, y no es un añadido moral a la relación con Dios, sino que está en el mismo núcleo de la experiencia creyente. Y, en este sentido, es un punto focal.

Durante mis estudios colaboré en la parroquia del barrio. Mi interés era la fe. ¿Cómo transmitir el mensaje de Jesucristo hoy, en un mundo secularizado e injusto? Y fui descubriendo que no es posible hablar, pensar, orar al Dios y Padre de Jesucristo sin incorporar a los pobres.

En la comunidad jesuita vivíamos compañeros que se dedicaban a diferentes tareas: educación, universidad, pastoral, misión obrera... Es decir, una sola misión y tareas distintas. Y la clave era el punto focal. La opción fe-justicia no era un trabajo social sino algo que debería iluminar cualquier tarea de la Compañía.

Fue un gozo el participar en iniciativas apostólicas que se fueron formulando en la provincia y en la comunidad. Cito entre ellas cómo Lluis Magriñà, SJ, (que había estado en el Chad) fue transformando el secretariado de misiones de la provincia en Intermon. O cómo Francesc Riera, SJ, ponía las bases, junto a otros compañeros, de la creación de un centro de estudios, Cristianisme i Justícia, que respondiera a las orientaciones de la Congregación General 32, o cómo se iban concretando respuestas en el terreno educativo y pastoral, buscando un nuevo enfoque...

El liderazgo espiritual y apostólico de Pedro Arrupe y de sus asistentes (sin que nos diéramos cuenta en aquellos momentos) animaba las iniciativas que se iban proponiendo. En todo el mundo iban apareciendo relatos de jesuitas y laicos que murieron mártires por la fe y la justicia.

Cómo se vivió la Congregación General 32

Guillermo Rodríguez-Izquierdo Gavala, SJ, Córdoba

En aquellos años, unos 50 jesuitas trabajábamos en universidades estatales españolas. Allí realizábamos una buena labor científica y apostólica y estábamos contentos. Por aquel tiempo, seis de nosotros, elegidos por ese grupo, celebramos en Roma con el padre Arrupe una reunión de tres días sobre nuestro trabajo. Fue estupendo. Arrupe, siguiendo los criterios de la parte séptima de las *Constituciones*, nos confirmó en la misión universitaria, con toques de atención que nos ayudaron.

En años de ebullición política, poco después de la muerte de Franco, llegué yo, sacerdote joven, a Santiago de Compostela para trabajar como catedrático en la universidad. La comunidad estaba formada por unos catorce jesuitas, que atendían sobre todo la iglesia de San Agustín, a los que se añadían otros dos en el Colegio Mayor y otros cuatro en un *coetus* en las afueras de Santiago. Los del *coetus* y uno de San Agustín ejercían su apostolado con intenso compromiso social en las aldeas. Uno del *coetus* era también profesor en la universidad. Tres de San Agustín predicaban misiones populares por las aldeas. Otro dirigía en nuestra misma casa una Escuela de Trabajo Social. Un hermano atendía la sacristía y un colegio anexo a nuestra residencia. Otro de la comunidad enseñaba también en la universidad e investigaba sobre musicología.

La mayoría de los jesuitas, marcados por las vivencias de la Segunda República y la guerra civil, se compenetraban más con el polo de la fe, mientras que otros pocos, con barro en los zapatos, se implicaban más en el polo de la justicia. Esta descripción de brocha gorda no hace justicia a muchos matices en la experiencia de personas buenas y entregadas, cada uno con su mochila de principios y sus buenos deseos.

A mí, joven entre mayores, me costaba el ambiente tradicional de nuestra casa. El superior me comprendía y me ayudaba. Las tensiones fueron muy patentes, por ejemplo, durante unos días en que varios jesuitas muy señalados de otras comunidades vinieron a Santiago para participar, junto con algunos de nuestra casa, en una asamblea de la Hermandad Sacerdotal. En nuestro comedor dominaban ellos y la conversación irrespirable de esos días me parecía insufrible. El superior se daba cuenta y en privado me aconsejaba paciencia.

Haciendo los Ejercicios en verano, encontré en un número de la revista «Información SJ» la alocución final del padre Arrupe a la Congregación de Procuradores de 1978. Arrupe describía cómo se estaba viviendo en la Compañía la Congregación General 32, y su diagnóstico retrataba perspicazmente lo que vivíamos, impulsándonos a dar pasos más decididos. Sus ideas me entusiasmaron y con la gracia de Dios fueron un refuerzo magnífico para mi vocación. He releído ahora aquella alocución y todavía me entusiasma. Quizá me salvó entonces.

Pocos años después me nombraron superior de esa comunidad. El provincial, después de una visita, nos mandó hacer un discernimiento comunitario para ver si convenía celebrar en nuestra iglesia una misa semanal en gallego. El gallego tenía la connotación de ser lenguaje de las izquierdas, y la petición del provincial sonaba a presión de «los de la justicia» sobre «los de la fe». En la reunión para ese discernimiento habló el primero un misionero popular, muy mayor, que pasaba horas en la capilla y era querido por todos, y dijo: «Yo he hecho oración sobre esto y después de hacer oración no siento tanta repugnancia como antes». Esas palabras crearon un ambiente inesperado y, al final, para admiración de muchos, pusimos la misa en gallego.

Son detalles de una historia compleja.

Las redes solidarias de jóvenes

Irene Ortega, Madrid

Llegué a Entreculturas en 2005 por dos palabras: educación popular. Había vivido durante mi voluntariado en Perú algo de esa corriente que une con fuerza la educación y la justicia desde la emancipación de las personas oprimidas. Me atraía que Entreculturas formara parte de Fe y Alegría, un movimiento de educación popular y promoción social. Me gustaba que se defendiera ese lenguaje tan latinoamericano, tan «ochentero» y reivindicativo, y que se hiciera desde una perspectiva cristiana.

Por eso, cuando empecé a trabajar en el departamento de educación, pregunté cómo se concretaba la educación popular en España. «Estamos iniciando redes de jóvenes solidarios», me explicaron. Había cuatro redes en funcionamiento: Andalucía, Madrid, Elche y Galicia. Pequeñas, no muy articuladas y con financiación inestable. Chana, voluntaria de Sevilla llegada desde Fe y Alegría-Perú y profesora de SAFA, se había hecho esa misma pregunta: «¿Cómo podemos hacer educación popular en España?». Y en 2001 propuso a Entreculturas y a SAFA este experimento, que ya cuenta con veinticinco años de historia y ha supuesto, para miles de adolescentes en los contextos más diversos, una experiencia significativa de compromiso con la justicia alentada por los valores del Evangelio.

Nunca ha sido una apuesta cómoda, porque desborda los moldes. No encaja en el típico programa de sensibilización de

ONG, no es el tipo de actividad que se ajusta a los centros escolares y no es lo que una organización juvenil de ocio y tiempo libre está acostumbrada a hacer. Para colmo, tampoco entra por los ojos a los financiadores. Sin embargo, y sorprendentemente, la Red Solidaria de Jóvenes se ha ido inventando y reinventando a lo largo de estos veinticinco años.

Según avanzaba el milenio, y a raíz del aumento de la población migrada y de la crisis económica, que precarizó la vida en muchas de las comunidades educativas en las que trabajamos, comenzamos a intensificar nuestra presencia en contextos de exclusión social. Igualmente fortalecimos la dimensión internacional en colaboración con otras Fe y Alegría, de forma que, a partir de experiencias iniciales de encuentros internacionales, se creó la Red de Juventudes de Fe y Alegría.

En la actualidad son ocho las redes autonómicas en marcha. Hay redes solidarias de jóvenes en Andalucía, Extremadura, Asturias, Madrid, Castilla-León y Cantabria, Rede Solidaria da Mocidade en Galicia y Xarxa Solidària de Joves en Catalunya y Comunitat Valenciana. En ellas se reúnen 1835 chicas y chicos, de los cuales 641 proceden de centros y organizaciones en contextos de exclusión social.

Nuria Ruiz Garrido, que participó de adolescente en la Red Solidaria de Jóvenes y actualmente es voluntaria de Entreculturas e integrante de la Red de Juventudes de Fe y Alegría, nos cuenta que, después de siete años, sigue sintiendo la misma ilusión que cuando empezó, «pero ahora, con el objetivo de seguir formándome para poder transmitir a otras y otros jóvenes ese sentimiento de movilización por la búsqueda de un mundo mejor».

Recuerdo cómo, en los primeros años, tanto el Consejo Asesor como el Patronato de Entreculturas, entonces formados por jesuitas de las antiguas provincias españolas, nos animaban a ir más allá, a la escuela pública, a los centros rurales, y llevar la presencia de la Compañía y su compromiso con la justicia que brota de la fe hasta adolescentes que, de otra manera, no tendrían esa oportunidad. No se me ocurre mejor prueba que el testimonio de Nuria para estar segura de que, hace veinticinco años, el sector social y los jesuitas tomaron la decisión adecuada, aunque rompiera los moldes.

Cincuenta años iluminando el camino de SAFA

Felipe Sánchez, Sevilla

Año 1941. Un niño entra en una de las nuevas escuelas que se están fundando en localidades de la provincia de Jaén. Tiene nueve años, pero no parece pasar de seis. El pelo, rapado. La ropa, grande y ajada; la cabeza gacha y los ojos inundados de tristeza. En su casa han quedado su madre y tres hermanos. De su padre no se habla. No trae nada en las manos. Sobre su cuerpo endeble, mugre y hambre; en su corazón, miedo y soledad; y en su alma, derrota y desesperanza. En unos días en esa escuela, la mugre y ese vacío permanente en el estómago desaparecen. En unas semanas, se siente querido y acompañado. Y en unos meses, intuye que la vida puede ser de otra manera, que hay esperanza para él.

Esta es la historia de muchos niños, que encontraron un futuro que no habrían tenido de otra manera en las escuelas de SAFA, las que el padre Villoslada impulsó junto a personas buenas al acabar la guerra civil.

Hay palabras que no lo cambian todo, pero lo explican todo. Que no abren caminos nuevos, pero iluminan el que uno ya está recorriendo. Que no marcan distancia, sino que ofrecen sentido. Eso fue el decreto Fe-Justicia para SAFA: una confirmación serena, un horizonte común, una manera de nombrar lo que durante años se venía viviendo de forma sencilla y comprometida.

Porque en SAFA, desde su origen, la educación ha sido una forma de fe. Una fe que se siembra entre pupitres. Una fe que se escribe en el acompañamiento, en la acogida, en el amor que se pone en quien más lo necesita. Y también una fe que no se entiende sin justicia. Porque enseñar, cuando se hace desde el corazón, también es reparar, levantar, dar oportunidades. También es dignificar.

Cuando se habló de una fe que promueve la justicia como núcleo de la misión, en nuestras comunidades educativas no hubo sorpresa. Hubo reconocimiento. Como cuando alguien dice en voz alta lo que tú ya intuías, lo que llevabas tiempo practicando sin ponerle nombre.

Desde entonces, el decreto Fe-Justicia ha sido una brújula para SAFA. Ha dado hondura a lo que hacemos. Ha renovado el porqué de tantas decisiones. Nos ha recordado que no educamos solo para formar, también para transformar. Que no formamos solo mentes, sino también corazones. Que cada alumno importa no por lo que logra, sino por lo que es.

Y esa convicción nos ha unido en lo cotidiano, en lo concreto, en lo que no aparece en las programaciones, pero define una escuela. Nos ha hecho sabernos parte de una misión compartida, de una Iglesia que quiere estar en las fronteras. Y nos ha reconciliado también con nuestras propias limitaciones, recordándonos que educar es sembrar, no siempre ver el fruto.

Hoy, al celebrar los cincuenta años de aquel decreto, lo hacemos desde la gratitud. Por haber podido vivir una misión así. Por seguir caminando con otros que creen y esperan. Por saber que la fe y la justicia, cuando se dan la mano, transforman.

Y ese, hoy más que nunca, sigue siendo nuestro propósito.

Fe-justicia y vida universitaria

Ildefonso Camacho, SJ, Córdoba

Con la Congregación General 32 ocurre algo parecido a lo que ocurre con el Concilio Vaticano II: si nos limitamos a estudiar sus *documentos*, no llegamos a entender el verdadero alcance del *acontecimiento*. El acontecimiento es mucho más que los textos aprobados.

En esta misma clave habría que recordar aquel principio de Francisco en *Evangelii gaudium*, tantas veces repetido luego (también a los jesuitas en la Congregación General 36): *el tiempo es superior al espacio*; hay que *iniciar procesos, no ocupar espacios*. Iniciar un proceso significa abrir un camino no del todo programado, por el que hay que avanzar con audacia, pero también con confianza en que Dios nos acompaña.

Entré en la Compañía en 1960. Aún no estaba en el horizonte lo que luego culminaría en la Congregación General 32. Los años del concilio nos hicieron comprender que se estaban abriendo caminos nuevos en la Iglesia, caminos que rompieron nuestros esquemas de vida religiosa y de vida cristiana, todavía poco consolidados. Para la vida religiosa y sacerdotal, todo lo que se movió en torno al concilio y posconcilio produjo cuestionamientos y reajustes. Entre 1965 y 1975 los jesuitas jóvenes nos sentimos profundamente zarandeados; fueron muchos los que abandonaron. Entre los jesuitas mayores percibíamos serias resistencias a los cambios en marcha.

La Congregación General 32 y la reformulación de la misión de la Compañía deben verse en este contexto, sin analizarlas nunca como un hecho aislado. Se iniciaba un camino con expectativas muy diferentes, un tiempo de ensayo y error (y con no escasos errores y excesos).

Dos claves me ayudaron, y me ayudan, a comprender esta misión actualizada. La primera, ver la conjunción fe-justicia como dos aspectos inseparables: ya Arrupe denunciaba cierta división entre los jesuitas «de la fe» y los «de la justicia», entre los que se aferraban a la pastoral (más o menos clásica) y los que optaban por el compromiso social (entendido a veces muy radicalmente). La segunda, entender que el binomio fe-justicia había de ser *factor integrador* de todas nuestras actividades y también de nuestra vida: era preciso ser creativos para hacer que esa doble dimensión se plasmase en la misión concreta de cada jesuita.

A mí me tocó hacerlo en la actividad universitaria, un campo apostólico cuyo futuro se veía amenazado por la nueva misión de fe-justicia. Pronto fui destinado a reforzar el claustro de la Facultad de Teología de Granada (en 1968, después del concilio y antes de la Congregación General 32). Mi destino, por distintas circunstancias, se concretó en la moral, específicamente en el ámbito económico (hice la carrera de Ciencias Económicas simultaneándola con la Teología, algo que a mí se me permitió, aunque en general se era reacio a ello). Y aunque mi destino central era la Facultad de Teología, pronto se me pidió que enseñara también ética empresarial en ETEA (Córdoba).

Este doble destino fue una suerte, ya que me permitió moverme en dos ambientes muy distintos: el mundo eclesiástico y el empresarial. En el primero tenía que sensibilizar a los alumnos respecto a los problemas socioeconómicos y políticos, sin separarlos nunca; en el segundo tenía que ayudar a descubrir la dimensión ética de la vida social y conectarla con el horizonte cristiano (un reto cada vez más apremiante).

Eran dos contextos que me invitaban, de formas diferentes, a conjugar el binomio fe-justicia.

Me faltó, en cambio, algo que muchos consideraban imprescindible: la inserción en el mundo de la pobreza. Pero la vida enseña que el camino de cada uno no responde a estándares preestablecidos. En resumen, un proceso que se inició sin estar programado, al menos por mi parte, y que ha valido para experimentar que Dios no está ausente, aunque no siempre se manifieste en la forma deseada.

Cincuenta años del decreto «Fe-Justicia»: el dinamismo de Fe y Alegría

Ramón Almansa, Madrid

El 50.º aniversario del decreto Fe-Justicia es una excelente oportunidad para reflexionar sobre el impacto y el dinamismo que ha generado en Fe y Alegría, un movimiento que a su vez cumple setenta años.

En los escritos de su fundador, el padre José María Vélaz, SJ, y en el rico pensamiento que el movimiento Fe y Alegría ha desarrollado, se aprecia el fuerte arraigo de la idea de que el servicio educativo en los márgenes nace de una profunda experiencia de fe. La llamada evangélica «Dadles vosotros de comer» se reinterpreta en un imperativo: «Trabajar para que ningún niño ni ninguna niña dejen de ejercer su derecho a la educación».

El nacimiento de Fe y Alegría hace setenta años tuvo su origen en la experiencia del padre Vélaz y de un grupo de jóvenes que, al recorrer los barrios más pobres de Caracas, supieron interpretar los signos de los tiempos y entender que la privación del derecho a la educación significaba la negación de una vida digna para los niños y niñas de esos barrios. La generosidad del matrimonio formado por Patricia y Abraham Reyes, que ofrecieron su casa para construir la primera escuela, fue el germen profético de un movimiento de educación popular que hoy atiende a más de 800 000 alumnos en situación de alta vulnerabilidad.

La opción por los márgenes y por los más empobrecidos, así como la convicción de que la justicia educativa emana de la fe, fueron conceptos clave desde los orígenes de Fe y Alegría. El padre Vélaz lo formulaba de este modo en uno de sus escritos: «Fe y Alegría comienza donde termina el asfalto. En el corazón de las barriadas, sus centros son testimonio de fe en las potencialidades de nuestro pueblo, e irradian la alegría del rescate social por la educación».

En Entreculturas-Fe y Alegría concebimos la educación como un derecho inherente a la naturaleza de los hijos e hijas de Dios. La desigualdad social y la injusticia educativa son elementos que nos movilizan a la acción y a la transformación social.

El compromiso de la provincia de España con Fe y Alegría se remonta a la creación de los secretariados de Fe y Alegría en Madrid y Pamplona. La vocación misionera y el impulso del decreto 4 están en el origen de que muchos jesuitas de la provincia hayan entregado su vida al servicio de Fe y Alegría. En la actualidad, obras como Entreculturas-Fe y Alegría España y Alboan son las encargadas de acompañar y apoyar este trabajo.

Como director de Entreculturas, soy testigo de cómo nuestros equipos, formados por contratados y voluntarios, vibran y entregan lo mejor de sus capacidades al servicio de esta gran obra de Dios que es Fe y Alegría. Personalmente, debo reconocer que mi decisión, hace treinta años, de dedicar mi vida a Entreculturas fue una respuesta directa a la indignación que me provocaba ver un mundo donde inmensas mayorías eran y son excluidas de sus derechos básicos.

Soy testigo de cómo Fe y Alegría, a nivel internacional, y Entreculturas-Fe y Alegría España en particular, han mantenido a lo largo de los años su compromiso de ofrecer respuestas educativas en las fronteras de mayor vulnerabilidad y exclusión social.

Un rasgo distintivo de Fe y Alegría es su naturaleza sinodal y eclesial. El trabajo conjunto con otros es clave en el movimiento. Es una gracia poder reconocer que Fe y Alegría reúne a más de 140 congregaciones religiosas. Todas ellas, desde sus carismas específicos, trabajan en la construcción del Reino a través de propuestas educativas que abran oportunidades para los niños y las niñas. En este sentido, el movimiento trabaja por la igualdad de oportunidades educativas desde la convicción que brota de la misión liberadora de la Iglesia.

Termino con un pensamiento del padre Vélaz de 1976, escrito un año después de la publicación del decreto Fe-Justicia, y que me atrevo a decir que es fruto de este:

«Desde el momento en que existiera la justicia educativa, sería un hecho la autopromoción constante y pacífica de los oprimidos. Solo la igualdad de las oportunidades educativas producirá eficazmente una tendencia segura, pacífica e irreversible hacia la nivelación social, en consonancia con la dignidad humana y con la vocación cristiana. Una Iglesia ausente de ese proceso de liberación terrena indudablemente está indicando una claudicación en su misión de auténtica liberación escatológica».

Del pollo afgano a la *patxanga* con Loiolaetxea

Ana Goikoetxea, Donostia

Cualquier persona que haya pasado en los últimos quince años por la comunidad Arrupe de Donostia ha oído hablar del «pollo afgano». Cuando nuestros niños, niñas y jóvenes preguntan qué hay para comer y la respuesta es «pollo afgano», se vuelven locos de la alegría. Se lo comen como si fueran palomitas.

Y ¿de dónde viene esto del «pollo afgano»?

Del paso de nuestro amigo Neik por la comunidad Arrupe. Neik llegó a Loiolaetxea después de escapar de Afganistán y, en el verano del 2010, vino con nosotros a apoyar en la cocina del Camino de Santiago que hacemos con jóvenes del colegio. Y desde entonces el pollo afgano es una tradición en esta comunidad Arrupe.

Hasta el año 2024 los edificios del colegio San Ignacio de Loyola y Loiolaetxea estaban uno junto al otro. Eso nos ayudó a acercarnos a esa comunidad, a ese espacio de encuentro cuyo objetivo es crear un mundo más justo, fraterno y solidario; a ese grupo de personas que busca «transformar en justas las causas injustas».

La gran participación de los jesuitas de Loiolaetxea en la vida colegial hizo que fuéramos creando lazos, nos ayudó a conocernos y nos hizo sentirnos uno en la misión. De esta manera, en estos veinticinco años de Loiolaetxea (y de Arrupe Elkartea Donosti) son muchos los jóvenes (y no tan jóvenes), igual que Neik, que han pasado por Loiolaetxea y que han compartido campamentos y Caminos de Santiago con nosotros.

En el año 2021 tuve la suerte de ir acompañada, en la furgoneta del Camino de Santiago, por dos chicos marroquíes fantásticos. Cada día uno de ellos se quedaba conmigo para hacer las compras y cocinar y el otro caminaba con nuestros chicos y chicas, a los que su presencia les creaba curiosidad. Aprovechaban los kilómetros por caminos gallegos para hablar, conocerse, compartir experiencias y, por supuesto, romper prejuicios. En los momentos de descanso jugaban al fútbol, olvidándose de los kilómetros que ya llevaban en sus piernas y del color de la piel.

En este curso 2024-2025 el fútbol también ha sido un espacio de encuentro entre chicos y chicas de bachillerato con jóvenes de Loiolaetxea que han quedado para jugar al fútbol, con el único objetivo de conocerse, romper barreras y pasarlo bien. ¡Una pachanga con Loiolaetxea!

Para conseguir todo esto es necesario tener conversaciones y reuniones, y que cada cual salga de sus modos habituales de hacer y gestionar… Sin embargo, ambas comunidades tenemos claro que esto es construir Reino: vencer miedos, perezas e inseguridades para que todos y todas podamos hacer procesos de inclusión, tanto las personas acompañadas en Loiolaetxea como la chavalería y monitores de Arrupe.

Porque, como dicen en Loiolaetxea, «No hay comunidad sin inclusión. No hay inclusión sin comunidad».

Una universidad enraizada en el compromiso

Javier Arellano Yanguas, Bilbao

Tenía 17 años cuando, en el colegio San Francisco Javier de Tudela, un amigo jesuita me entregó un librito azul. Eran los documentos de la Congregación General 32 y me dijo que leyera el decreto 4, titulado *Nuestra misión hoy: el servicio de la fe y la promoción de la justicia*. Aquel texto me conmovió. No sabía entonces que marcaría profundamente mi vida, mi forma de entender la fe y, más adelante, mis distintas misiones profesionales, incluido el trabajo en la universidad.

Este decreto no es solo un texto inspirador. Es una llamada radical: no puede haber servicio de la fe sin promoción de la justicia. No es un añadido ni un apéndice. Es el corazón de nuestra misión. Evangelizar es transformar las estructuras injustas que marginan, que excluyen, que deshumanizan.

Durante décadas, millares de jesuitas y laicos encarnaron en barrios, en campos de refugiados y en comunidades indígenas el espíritu del decreto 4. Vivieron con las personas que habitaban «los márgenes», escucharon sus clamores, compartieron sus luchas. Esa experiencia transformó su espiritualidad, su mirada, su vocación. Pero cambió también a la propia Compañía de Jesús y la manera de entender todas sus obras.

No ha sido un camino fácil. El decreto 4 generó tensiones dentro de la misma Compañía. Los que trabajaban en el sector social y en parroquias populares vivieron su vocación y la nueva llamada con intensidad. En cambio, muchos en universidades y colegios encontraban dificultades para encarnar el decreto 4 en su contexto. Se dieron incomprensiones, pero, con el tiempo, también aprendizajes valiosos. El Señor nos envió profetas (y algunos mártires). Entre ellos, Arrupe y Ellacuría nos retaron y nos ayudaron a pensar las universidades desde la perspectiva del servicio a la justicia.

Hoy todos somos más humildes. Sabemos que necesitamos unos de otros. Que el cambio estructural requiere saber, requiere alianzas, requiere reflexión rigurosa y acción decidida. Las universidades han entendido que el decreto 4 no es una carga, sino una brújula. Nos orienta, nos da sentido, nos conecta con la vida.

Hoy solo podemos entender nuestra misión universitaria a la luz de ese decreto y de las vidas que ha inspirado. Nuestra tarea va mucho más allá de formar profesionales competentes. Estamos llamados a formar personas comprometidas, ciudadanos globales, personas capaces de leer el mundo con ojos críticos y corazón compasivo.

El compromiso con la justicia no es un proyecto paralelo. Es el núcleo de nuestro quehacer universitario. Está en la docencia, en la investigación, en la transferencia. Está en cómo acompañamos a nuestros estudiantes, cómo leemos los signos de los tiempos, cómo respondemos a los desafíos sociales y ecológicos.

Los cincuenta años del decreto 4 nos muestran que no se trata de seguir modas pasajeras. Se trata de creer el Evangelio. De seguir a Jesús, que anunció el Reino a los pobres, que sanó, que liberó, que confrontó la injusticia. Se trata de fe encarnada. De espiritualidad que no huye del mundo, sino que lo abraza. De Dios que se deja encontrar en la historia.

Por eso el decreto 4 nos sigue desafiando e inspirando. Nos llama a más. Y hoy, con gratitud, queremos refrendar nuestro compromiso. Seguimos creyendo en una universidad al servicio de la fe y la justicia. Seguimos soñando con un mundo reconciliado. Y queremos estar ahí, en medio del mundo, con esperanza.

Y de nosotros ¿quién se ocupa?

Higinio Pi, SJ, Alicante

Javi, de once años, en la puerta de su casa, junto a su hermano de seis, al ver cómo se llevan a su madre, con sida, al hospital en una ambulancia, acompañada de su abuela, lanza esta pregunta: «Y de nosotros ¿quién se ocupa?».

«Cuida de tu hermano y cierra la puerta», recibió como respuesta.

Esta pregunta, en sus miles de formulaciones y variantes, la hemos escuchado al acercarnos a la infancia y juventud más excluida y vulnerada. Ha tocado nuestras fibras más profundas, interpelándonos. Pero dejada así, al aire, nos sitúa en escenarios muy lejanos a los «Javis» de este mundo. Ahora, incorporada a nuestra mirada, orienta un caminar junto con unas vidas que nos han hecho vislumbrar que estamos habitando un terreno sagrado que no nos pertenece.

Son vidas que nos hacen participar de la mirada compasiva con la que Dios las contempla: «Yo no te olvidaré. Fíjate: en las palmas de mis manos te llevo tatuada» (Is 49,15s). Nos llevan a conectarnos con la responsabilidad de Dios por cada una de ellas: «En sus manos está la vida de todo viviente y el espíritu de todo hombre» (Job 12,10). Y, en definitiva, nos permiten acompañar humildemente el dinamismo protector del propio Dios, protegiéndolas de todo peligro: «No temas, que yo te he rescatado, te he llamado por tu nombre [...]. Si atraviesas el agua, yo estaré contigo: los ríos no te anegarán. Si pasas por el fuego, [...] la llama no te abrasará» (Is 43,1s).

«Y de nosotros ¿quién se ocupa?» vuelve a sonar insistente, acompasando el grito del hombre al borde del camino, que ha sido vapuleado y expoliado (cf. Lc 10,30-37), para interpelar nuestros rodeos, la mirada compasiva o la capacidad de acompañar hasta el final. Pero se vuelve silenciosa cuando nos ayuda a visibilizar a los lázaros de todo tiempo, para romper los ritmos insensibles de nuestra vida de Epulón (cf. Lc 16,19-31) y así debilitar los muros que nos imposibilitan «ver a Dios» y poder educarnos en una mirada contemplativa del Reino de Dios que crece a nuestro alrededor. Y otras muchas veces retumba después de tiempos de acompañamientos estériles, de esfuerzos, desvelos, fracasos y éxitos que nos llevan a preguntarnos: «¿Cuándo te vimos? ¿Cuándo te escuchamos?» (cf. Mt 25,31-46). «Lo que hicisteis a uno de estos pequeños, a mí me lo hicisteis».

«Y de nosotros ¿quién se ocupa?» nos hace profundizar en una fe que ve la aflicción, que ha oído el clamor que arrancan los opresores y que conoce todas las angustias que hay detrás (cf. Ex 3,7). Una fe que interpela y se expresa en la exigencia de una justicia que haga realidad la promesa de una vida propia, digna y reconciliada, una tierra donde mana leche y miel (cf. Ex 3,8).

«Y de nosotros ¿quién se ocupa?» es el lugar que habitan miles de niños, niñas, jóvenes y adolescentes a los que el sector social de la provincia (Red Mimbre) quiere acompañar de formas diversas –unas veces en barrios, otras en centros de acogimiento, en formación o educativamente– desde la cercanía, generando espacios seguros, promoviendo su dignidad, denunciado lo que mata y construyendo su futuro junto con ellos. Así se concreta el compromiso con la fe y la justicia, siguiendo la inspiración de la Congregación General 32. Pocas realidades hay tan invisibilizadas o apaleadas, desprotegidas y vulnerables. Están ahí: sin haber hecho nada, pero están ahí, con su vulnerabilidad. Su grito enmudecido alienta una respuesta que lleva de la mano a la fe y la justicia.

«Y de nosotros ¿quién se ocupa?». Javi y su hermano movilizaron una respuesta que con el tiempo los llevó a su propia tierra de leche y miel, generando un imaginario de esperanza real que ilumina los horizontes de las vidas que nos encontramos tendidas y al borde de los caminos.

Más de cien años del germen de Padre Piquer

Luis Alberto Rodríguez de Rivera, Madrid

En 2023, y sin hacer mucho ruido, se cumplieron cien años del germen del actual centro educativo Padre Piquer de Madrid. En la comunidad educativa sabíamos que la historia se remontaba a la presencia apostólica de la Compañía de Jesús en el barrio de La Ventilla. También conocíamos la figura de san José María Rubio, SJ, que recorrió las calles de aquel arrabal del extrarradio, poblado por inmigrantes del campo español y conocido como «el barrio de los traperos».

Lo que no sabíamos nos lo ha revelado un reciente estudio de Luis Aymá y Carmen García de Andrés: la escuela nació en una casa particular. Fue alentada por el padre Rubio y organizada por los maestros Juan y Demetrio de Andrés junto con mujeres de Acción Católica de Madrid. Los hermanos De Andrés tomaron una sorprendente decisión: quedarse en La Ventilla, aunque tenían otras oportunidades más cómodas. Su opción por vivir entre los pobres, inspirada en el Evangelio, ya era una realidad en el Madrid de los años veinte, aunque lo ignorábamos.

En unos terrenos cedidos por Carmen Ibáñez se construyó, en 1931, un complejo con escuela, iglesia y dispensario. Fue dos años después de la muerte del padre Rubio. Ese mismo año, la Compañía de Jesús fue suprimida en España. Entonces la escuela quedó en manos de los hermanos De Andrés. Se convirtió en una «escuela gratuita» para hijos de trabajadores. Por la mañana se impartía educación primaria; por la tarde, formación profesional.

Tampoco sabíamos que lo que hoy inspira al centro Padre Piquer –inclusión, innovación y justicia nacida de la fe– ya estaba presente hace más de cien años. Ignorábamos también el valor educativo de aquel colegio, tan innovador para su tiempo. Estaba en la línea de la renovación pedagógica del primer tercio del siglo XX y era dirigido por laicas y laicos comprometidos con su fe.

Con el tiempo, ese origen quedó demasiado atrás. En 1936 los hermanos De Andrés fueron fusilados por su militancia católica. En 1940 la Compañía de Jesús retomó la parroquia y reanudó la labor educativa bajo el nombre de Escuelas San Francisco Javier. En los años 60 se estableció una alianza con la Caja de Ahorros y Monte de Piedad de Madrid. De ahí surgió una escuela profesional de calidad, dirigida por los jesuitas, que promovía la formación de las clases menos favorecidas. Esta nueva fundación rindió homenaje al padre Francisco Piquer (1666-1739), sacerdote diocesano y creador del primer Monte de Piedad, origen de la Caja de Ahorros de Madrid.

A finales de los años 90, el aumento de la inmigración en Madrid llevó a replantear el modelo educativo para responder a una nueva realidad social. Así nació un proyecto propio de innovación: las Aulas Cooperativas Multitarea. La inclusión se convirtió en pilar básico. Se buscaba crear oportunidades para cada alumno. La diversidad pasó a entenderse como riqueza. La «codocencia» –varios docentes trabajando juntos en el aula– se reveló como herramienta eficaz y como expresión de comunidad apostólica.

El Piquer de hoy es multicultural y diverso. Conviven estudiantes de treinta nacionalidades, de distintas religiones y orígenes humildes. Lo hacen en una armonía frágil, sostenida por educadores que se esfuerzan por valorar la diversidad con alegría. Quienes se dejan tocar por esta realidad descubren con más nitidez el rostro de Jesús en «estos más pequeños» (Mt 25,40), que con seguridad llegarán a ser personas competentes, comprometidas, conscientes y compasivas. Hoy, como ayer, los educadores «se quedan». Se quedan seducidos por esta realidad.

Y ahora sabemos que nos ha vuelto a pasar lo mismo que les ocurrió a los hermanos De Andrés en 1923. Ellos también se quedaron.

Fe y justicia: santidad más compromiso

José Ignacio Rodríguez, SJ, Valladolid

Entré en la Compañía en octubre de 1975, con un ambiente de «ebullición» ya en el noviciado por la reciente clausura de la Congregación General 32 y la publicación de sus decretos. Además, teníamos cerca personas que habían participado en aquella congregación tan determinante. La recepción de esta ha marcado toda mi formación y mi manera de hacerme jesuita.

Para mi generación, los decretos fueron un *punto de inflexión* esencial en la manera de concebir nuestra identidad y ministerios. Ya no bastaba con la «bondad personal» o caritativa, que yo había tratado de vivir como alumno de colegio de jesuitas, sino que debíamos implicarnos profundamente en la transformación social. El decreto 4 reformulaba la justicia bajo una mirada nueva: la *denuncia de los mecanismos que generaban injusticia* y que constituían, para muchas personas, un impedimento para creer en Dios.

Espiritualmente, el gran descubrimiento fue la necesidad de «juntar el cielo y la tierra». No bastaba con prepararnos para el cielo, sino que había una continuidad entre lo que hacíamos en este mundo y la plenitud escatológica. Con «los pies en la tierra» debíamos trabajar, ya aquí, por el Reino de Dios, sabiendo que siempre quedaría incompleto, pero que, dignificando las condiciones de vida de nuestros hermanos, estábamos «construyendo cielo».

En lo personal, este compromiso marcó mis opciones de formación: en diálogo con los formadores, decidí estudiar pedagogía terapéutica para atender a los más débiles y olvidados, a los que la Compañía, tal vez, había descuidado por mantener en sus colegios un enfoque de exigencia intelectual excesivamente elitista y poco integrador.

Mi mística se iba forjando en el contacto directo con la vulnerabilidad, como aquel verano de 1981 en un barrio marginal de La Coruña, donde viví con una comunidad de jesuitas obreros. Me inscribí en la oficina de empleo, esperando un trabajo que nunca llegó, pero experimenté la incertidumbre de quienes no tienen nada.

La aplicación de estos ideales no estuvo exenta de contradicciones; recuerdo mi desconcierto al ser nombrado director de un colegio de clase social muy alta. Yo con mi proceso personal de conversión y servicio a los pobres, y me llega ese destino, que poco tenía de contacto con los últimos. Tuve que asimilar cómo conciliar la llamada a trabajar con los pobres y el verme como director de una institución con muchos medios y en un «entorno de privilegio».

Los 80 fueron tiempos de «fuego cruzado» y fuertes tensiones intelectuales, de polémicas entre idealistas visiones de la teología de la liberación y análisis más científicos de la economía. Muchos compañeros que buscaron opciones radicales en la «misión obrera» encontraron resistencias en la estructura y terminaron saliendo de la Compañía, una pérdida que recuerdo con muchísimo dolor.

No obstante, con el tiempo, la Compañía fue madurando este binomio. Entre 2004 y 2015, como delegado de educación, me tocó continuar aterrizando esa misión en los colegios, ya de forma más serena, trabajando en tres dimensiones: *abrir el umbral de acceso* a familias con pocos ingresos, asegurar una enseñanza con *visión profética* de justicia y atender a «*los pobres de dentro*» (alumnos con dificultades académicas, afectivas o familiares). Íbamos ensanchando el concepto, desde lo material y sociológico hasta una visión más real y rica de la pobreza, tratando de ser honestos y posibilistas. Aprendimos que el voluntarismo y la caridad indiscreta no eran la mejor respuesta a la llamada a trabajar por la justicia.

Al mirar el presente, observo que los términos se han invertido: en 1975 la fe se daba por supuesta y lo que constituía un reto era la justicia, que había quedado olvidada en las preocupaciones espirituales, pero hoy, *la que es pobre es la fe*. En una sociedad secularizada, la acción por la justicia es aplaudida, reconocida y valorada, pero ahora, la fe, la religión, Dios… son a menudo relegados a lo privado o mirados con sospecha.

Seguimos estando llamados a vibrar con el binomio fe-justicia. A pesar de las dificultades, estoy convencido de que el día que abandonemos uno de los dos polos dejaremos de ser jesuitas. Tras cincuenta años, puedo decir que el decreto y su visión de las cosas nos han enriquecido, nos han hecho *más despiertos* y nos han abierto mundos que de otra manera nunca habríamos explorado.

Loiolaetxea, experiencia encarnada de fe-justicia-reconciliación

Ion Loyola, Donostia-San Sebastián

«Si quieres ir rápido, hazlo solo;
si quieres llegar lejos, hazlo con otros».
(Proverbio africano)

Mi participación en Loiolaetxea está vinculada a la experiencia del Dios encarnado, encarnado en lo cotidiano, desde abajo, para así acoger a todos. Es ver y mirar cómo Jesús se implica, se complica... y me llama para el bien común, para el Reino de Dios.

En esta dirección, Loiolaetxea es lugar de encuentro y acompañamiento de / entre muchas personas y grupos: personas voluntarias, trabajadoras, comunidad jesuita... que, de la mano con otros grupos, organizaciones y comunidades, participan y recrean, día a día, la propuesta real de construcción social que quieren ser.

Mirar a Loiolaetxea requiere evocar la cita, ampliada, del decreto 4. En ella podemos subrayar: el servicio de la fe, la promoción de la justicia y la reconciliación.

Comenzando por la fe, la experiencia en Loiolaetxea tiene algo de lo invisible en lo visible, de lo trascendente en lo inmanente. Ella es la «encarnación» que deviene de la fe en Dios, Silencio y Presencia, Palabra «que lo habita todo y opta». Es decir, ese «todo en todo» de Dios que «opta» desde la clave de los insignificantes-pobres-descartados. Nos podemos preguntar desde dónde caminará, con quiénes caminará, cómo caminará.

En las fronteras sociales, las comunidades como Loiolaetxea se convierten en posibilidad de hospitalidad, causas justas, restauración por el daño inferido, reconciliación e inclusión. En este sentido, se podría decir que la mirada de Loiolaetxea se posa, por un lado, en lo cercano y cotidiano, en la persona y su dignidad constitutiva; y, por otro, otea un horizonte social y comunitario que entiende la justicia y la inclusión como importantes para la reconciliación. Añadiría a lo dicho que la dignidad conlleva responsabilidad: la responsabilidad que es el suelo donde se apoya la persona responsable, responsable por su capacidad de «hacerse cargo» y «responder». Responsabilidad que se extiende a las comunidades e instituciones.

Mi experiencia en Loiolaetxea conlleva estos dos sustantivos: presencia y mirada. Presencia que es, por un lado, sentir y conocer, sentir y gustar al Dios presente en todo y en todos; presencia que es, a la vez, la «manera de estar en el mundo». Y mirada que ve: un mirar que posibilita la experiencia de ser vistos, de ser alguien para alguien.

Si atendemos a los Evangelios, encontramos narraciones que hablan de personas con experiencias «traumáticas» y de encuentros que generan restauración, inclusión, salud... En el texto de Lucas 15 vemos al padre que acoge y abraza incondicionalmente al hijo, el cual vuelve a recuperar su vivencia de hijo. En Lc 7,36-50 Jesús, en casa de Simón el fariseo, posibilita a la mujer transitar por donde ella necesita. Aunque el contexto de la casa de Simón es hostil, el encuentro y el contacto con Jesús es seguro y, así, internamente restaurador.

La presencia y la mirada se pueden dilatar en cuatro verbos:

Esperar: espera (im)paciente por la llegada de cada miembro de la casa. Es la espera que se resume en aquellas palabras de un joven que, al ser preguntado por la comunidad en la que vivía, dijo: «Sé que a las nueve de la noche alguien me espera». *Acoger*. Presencia que acoge con incondicionalidad al que es parte de la casa. Es saber que, a pesar de ser excluido de muchos lugares, en este, tienes tu sitio. No es un lugar cedido; es tu lugar, el lugar que te esperaba.

Sostener. Quien recorre un itinerario en Loiolaetxea no viene de un modo neutro: en él confluyen tanto las preocupaciones y frustraciones como las alegrías e ilusiones.

Compartir. Esta obra del sector social no puede, por sí sola, ser posibilidad de hospitalidad e inclusión. Necesita de la presencia presente de las personas que habitan el lugar o vienen aquí a compartir(se). Necesita(n)(mos) prójimos:

«De eso parece hablar la parábola del buen samaritano (cf. Lc 10,25-37). Hemos estado muchas veces en la escena planteada en ella. No hay mucha diferencia entre el mundo descrito por la parábola y el nuestro. Aquel mundo está acostumbrado a bandoleros que atracan y dejan a no pocas personas en las orillas de los caminos. En nuestro mundo hay igualmente márgenes, y en tales márgenes hay personas que necesitan prójimos. [...] La parábola advierte de que lo que le pasa al samaritano por dentro nada tiene que ver con un entusiasmo pasajero, un arrebato de filantropía o un gesto políticamente correcto. Su cuidado no es, en sí, exagerado. En realidad, el buen samaritano está expresando que se da a sí mismo. Hay un instante en que entiende que aquel malherido no solo necesita de una cura, una posada y medios para recobrarse, sino que cuanto precisa es un prójimo, alguien que esté suficientemente cerca de su destino. Es entonces cuando el samaritano no puede poner medida cicatera a su presencia: prevé el largo plazo, acompaña y no abandona, se compromete»[1].

---

[1]   F. J. RUIZ PÉREZ, «En tiempos extraños para la esperanza. Una propuesta de meditación»: *Manresa* 93 (2021),171-180 (la cita en las páginas 178-179).

Con todo lo dicho, me sale concluir que esta encarnación comprometida conlleva una dimensión ético-política que, fundamentada en los derechos humanos, es acción implicada de personas, comunidades, instituciones... y cualquier cooperación o coparticipación de los mismos en pos del bien común.

Nazaret: el relato de un testigo

Miguel Ángel Segura, Alicante

Al hablar de la escuela de Nazaret con relación al decreto 4 de la Congregación General 32, destacaría tres cuestiones.

Primera: el padre Fontova, fundador de Nazaret en 1957, ya era un convencido –*avant la lettre*– de que la misión de la Compañía, y su misión personal, era «el servicio de la fe, del que la promoción de la justicia constituye una exigencia absoluta». El compromiso social siempre estuvo presente en él. Nazaret, su obra, fue tildada de «asistencialista», sobre todo en sus dos primeras décadas de existencia; no obstante, su exigencia de justicia para esos niños y jóvenes a los que consagró su vida, justicia que se desprende de las palabras de Jesús en el Evangelio, siempre estuvo presente en su discurso y en su incansable quehacer.

Segunda: *de obra de un jesuita a una obra jesuita* (o una obra de la Compañía). En este proceso, la Congregación General 32 y su decreto 4 tuvieron un papel muy, muy importante. Sin duda, Nazaret nació como la obra personal de un jesuita carismático, y así se mantuvo durante años. Sin que dejara de serlo, las conclusiones del Concilio Vaticano II, con su idea de una Iglesia más comprometida con el mundo y con la sociedad, más sinodal, con la participación de todos (laicos y religiosos), alineaban a Nazaret en la estela de la nueva Iglesia que se alumbraba. Esto se tradujo en nuevos destinos de jesuitas a Nazaret (1972), que hasta entonces habían sido poco más que anecdóticos.

El colofón fue la Congregación General 32. El decreto 4 evidenciaba no solo que Nazaret era una obra de la Compañía, sino que era una de las que mejor expresaba y hacía realidad el espíritu y la letra de dicho decreto. Las consecuencias no se hicieron esperar. En septiembre de 1976 Nazaret se erige como casa independiente (hasta entonces dependía del Colegio Inmaculada) y la provincia nombra un director general, el padre Eduardo Serón, que releve al padre Fontova.

Tercera: el decreto 4 no solo nos habla de la *promoción de la justicia como una exigencia absoluta*; también desarrolla esto a través de temas como la cercanía preferencial a los pobres, las comunidades de inserción o la acción sobre las estructuras. En este último aspecto querría incidir, por ser, posiblemente, uno de los menos conocidos de Nazaret. Aun a riesgo de pecar de inmodestia, tengo que decir que Nazaret no solo ha contribuido, sino que ha liderado el cambio de estructuras en el ámbito de la infancia y juventud en riesgo y exclusión social, en la Comunidad Valenciana y, en buena medida, en el resto de España.

Desde finales de la década de los setenta, Nazaret participó en el asociacionismo incipiente que derivó en el nacimiento de organizaciones que se convertirían en agentes de incidencia e interlocutores representativos del sector con las distintas administraciones. Asociaciones como APISMA (Asociación de Profesionales en Inadaptación Social del Menor, 1978), AIME (Asociación de Instituciones de Menores, 1993), APIME (Asociación Profesional de Instituciones de Menores, 1997) o AEFYME (Asociación Patronal de Entidades de Familia y Menores, 2007), en las que Nazaret ha jugado un papel protagonista, están detrás de cambios legislativos en este sector de infancia, tanto en materia laboral, con la promulgación de convenios colectivos, como en el modelo de relación de las entidades sin ánimo de lucro con las administraciones, mediante la negociación del régimen de conciertos en distintas comunidades autónomas. Son avances que sin duda contribuyen a que los niños y jóvenes excluidos y quienes a ellos se dedican puedan disfrutar de una situación más justa.

Un solo jesuita para dos Compañías de Jesús

José María Fernández-Martos, SJ, Madrid[1]

Mi primera Compañía (1955-1970)

Ingresé en la Compañía de Jesús en 1955, con 20 años, al inicio del cuarto curso de Farmacia. Entré en el noviciado de Aranjuez, alejado del mundanal ruido. Nuestro modo de vida, conventual y recogido, era el de siglos atrás (silencio, estudio, oración, cilicio y disciplinas). En esos 15 años atravesé todas las etapas de la formación, incluida la teología en Inglaterra y psicología en Madrid y París, con ordenación sacerdotal en 1967. El único horizonte espiritual era alcanzar la santidad personal, sirviendo al ser humano.

Yo no advertía el tsunami social y religioso inminente, que sí impactó en compañeros de la *misión obrera* (en campos, minas, gasolineras, construcción) y de otras fronteras. Muchos salieron en estampida de la Compañía. Los cimientos de la formación se vieron sacudidos en su raíz. El mayo del 68 y el ser nombrado consiliario de la Misión Obrera parisina, con sus bríos revolucionarios, me sumergieron en una angustiada búsqueda de identidad humana y sacerdotal. Mis certezas se esfumaron, ahuyentadas por dudas y perplejidades.

---

[1] jmfmartossj.blogspot.com

Mi segunda Compañía (1970 -2025)

Un conjunto de factores acudió a mi rescate. Primero, un equipo amistoso, capacitado y sensato de jesuitas psicólogos, lanzado a fundar la especialidad de Psicología en la Universidad Pontificia Comillas y a poner en marcha múltiples terapias y actividades en la calle Hortaleza. Me benefició ser director del Colegio Mayor entre 1970 y 1980. Las convulsiones previas al final del franquismo anunciaban un cambio de época. Mucho me ayudó, hasta el día de hoy, el entrar en la cárcel de Yeserías, junto a la profesora y amiga Fátima Miralles: tanta vida rota me sanó y me gritó que ser sacerdote no era para mi ventaja ni provecho, sino para curar a otros: «En esto está el reposo: dad reposo al cansado, en esto está el descanso» (Is 28,12).

Pero quedaba unificar, teológica y existencialmente, mi vida de fe con lo social. A eso acudió el decreto 4, *Nuestra misión hoy*, de la Congregación General 32, en la estela del Vaticano II y sus *Lumen gentium* y *Gaudium et spes*. Puse toda mi ilusión en empaparme de su espíritu y resituar mi modo de estar en el mundo, apostando por una fe que lucha por la justicia, aunque caigan chuzos de punta... Se nos invitaba a todo jesuita a un examen de nuestro estilo de vida y de nuestro modo de comunicar nuestra fe a los que no participan de ella.

Mi testimonio quiere acabar con la Nueva Biblia Española que compré en 1975, báculo de mi caminar. Entre las muchas luces que me regala cada día, me descubrió un texto colosal de Isaías (Is 51,1-8), que impide a la Compañía de Jesús presumir del decreto 4. Dice así: «Escuchadme, *los que vais tras la justicia*, los que *buscáis al Señor*: mirad la roca de donde os tallaron, la cantera de donde os extrajeron; mirad a Abrahán, vuestro padre; a Sara, que os dio a luz. Cuando lo llamé, era uno, pero lo bendije y lo multipliqué»[2]. Versículos más abajo,

---

[2] ¡Y cómo lo bendijo!: Abrahán es el padre de las tres religiones monoteístas: judaísmo, islam y cristianismo.

se me iluminó la manera *binocular* de caminar Abrahán por el mundo: «*Ponen su esperanza en mi brazo. Levantad los ojos al cielo, mirad abajo a la tierra*, [que] se consume como ropa [y] sus habitantes mueren como mosquitos, pero mi salvación dura por siempre, mi victoria no tendrá fin».

El impacto fue enorme: fe, esperanza y caridad se anudaron en mí; cualquier espiritualismo o cualquier tentación de convertirnos en ONG cayeron derrotados... La guinda: ¡no es la misión de la Compañía sino de Cristo y los cristianos! Gracias a Dios he tenido múltiples oportunidades de alentar esa misión de la Compañía de Jesús, desde mis variados destinos.

Comunidad Ana Leal-INEA: cuidado de la casa común y hospitalidad

Félix Revilla, SJ, Valladolid

Para los que entramos en la Compañía a finales de los años 70, el decreto 4 de la Congregación General es central en nuestra identidad como jesuitas; en él se centró nuestra formación. El decreto se hacía carne en compañeros de Misión Obrera, párrocos rurales y urbanos, intelectuales... y fue permeando todas las obras y a todos los compañeros de las provincias. ¿Qué queda de aquello? Mucho, como veremos.

«Ecología y Acogida Ana Leal» se pone en marcha después de un proceso de discernimiento de un grupo de personas que se plantean cómo vivir la realidad y la fe en simbiosis. El lugar donde nace esta realidad no es neutro, sino que tiene enorme importancia, pues es un contexto con una historia: una escuela universitaria volcada en la sostenibilidad y la ecología, con un proyecto social de envergadura, como son los 430 huertos ecológicos para personas mayores (2005). Nace, además, conectado a una serie de realidades de la ciudad totalmente entroncadas con el tema fe-justicia: Entreculturas, Red Íncola, Rezando Voy, la cooperativa Come sano Come Justo, etc.

Siguiendo los principios de actuación que marca Francisco en *Evangelii gaudium* (el tiempo es superior al espacio, la realidad supera la idea...), hemos querido *hacernos cargo* de nuestra realidad hoy (Ignacio Ellacuría) para acompañarla, ayudarla y transformarla. Pero ¿cuál es el fondo espiritual de Ecología y Acogida Ana Leal? Por supuesto, el Evangelio de Jesucristo. Pero, intentando aplicarlo a la realidad que estábamos alumbrando, nos inspira especialmente el grupo que crea Jesús en torno a él. Jesús se rodea de un *grupo* de personas, mujeres y hombres muy diversos, que encarnan las bienaventuranzas. Ese grupo crea un entorno en el que no hay pobres, ni gente que sufre o llora, porque ponen en común sus bienes, su esfuerzo y su trabajo para hacer *verdad* que son bienaventurados los pobres, los que sufren, los que lloran, y que el Reino de Dios está cerca. Es lo que se ha llamado una «comunidad mesiánica» (en torno al Mesías). Y eso es lo que testimonian Jesús y sus discípulos como voluntad, deseo y sueño de Dios: un grupo que vive en pobreza, en austeridad, compartiendo y anunciando la buena noticia, que no es otra que aquella que nos dice que es posible vivir así, apuntando al Reino que viene, que ya ha comenzado como *utopía*.

Es el mismo mensaje que nos transmite el texto evangélico del juicio final (Mt 25,31-46). Nos jugamos nuestro ser o no ser como cristianos, y como seres humanos, en cuál es nuestro compromiso con los enfermos, desnudos, presos, pobres, pero no en el mundo de las ideas sino en el de la realidad. En este sentido ha hablado también León XIV comentando la parábola del buen samaritano (mayo de 2025).

Para mí, para nosotros, para muchos de los que entramos en la Compañía en plena época del decreto 4, tratar de orientar nuestra vida (mucho más allá de nuestro trabajo) hacia un compromiso en este sentido es vital, y por tanto irrenunciable.

El sermón del monte es lo que buscamos encarnar en nuestro espacio comunitario, que trae buenas noticias a la gente, que les cambia la vida, que es una mano amiga tendida sobre todo a aquellas personas con las que hemos compartido techo y hogar: familias migrantes, jóvenes, profesores, amigos, etc. «Anda, coge tu camilla y *ponte en pie*».

No es un espacio de intervención social ni de asistencia social. No es un trabajo, no está subvencionado, no está formado por un equipo profesional, no tiene horarios. Es *un modo de vivir* que nos coge por entero en nuestra cotidianeidad (Pedro Trigo). Es nuestra vida en pura gratuidad. Es la propuesta que de algún modo se entronca con aquel pasaje del Evangelio «Maestro, ¿dónde vives?» y la consiguiente respuesta de Jesús: «*Ven y verás*». Un deseo de vivir con él, como él.

No se trata tanto de encarnar la fe en la realidad sino de tomar conciencia de que *la fe está en la vida misma*. Esa es la experiencia de Ignacio en el Cardoner, que él expresó como «ver nuevas todas las cosas» y de donde deriva, en las *Constituciones* de la Compañía, la expresión «a él en todas [las criaturas] amando y a todas en él, conforme a su santísima voluntad».

En la medida en que sea *verdad* este espacio y apunte a espacios de verdad, de *utopía*, de igualdad, de fraternidad, de amor, en esa medida es transformador de todos cuantos se acerquen a él, sean quienes sean. Ese es el test que debemos pasar.

«Mirad al mañana con serenidad y no temáis tomar decisiones valientes. Nadie podrá impedir que estéis cerca de la gente, que compartáis la vida, que caminéis con los últimos, que sirváis a los pobres. Nadie podrá impedir que anunciéis el Evangelio, y es el Evangelio lo que estamos enviados a llevar, porque es lo que todos, nosotros los primeros, necesitamos para vivir bien y ser felices» (León XIV).

Ciudadanía global, una forma de mirarnos en el mundo

Carlos Entrambasaguas, Valladolid

Los colegios de la Compañía de Jesús en todo el mundo se enfrentan permanentemente a una realidad en continua transformación. Una parte importante de la tradición educativa de la Compañía es, precisamente, haber sabido adaptarse a tiempos, personas y lugares para seguir siendo eficaces en esta misión apostólica que es la educación. Es en ese contexto en el que surge la preocupación por la ciudadanía global, por dotar a nuestros estudiantes de una visión universal y holística que les permita salir de su entorno más próximo para pensar más globalmente.

Partiendo de la certeza de que vivimos en un mundo cada vez más interconectado, interrelacionado e interdependiente, se hace necesario estructurar una respuesta educativa para poder afrontar los nuevos retos que ese mundo nos plantea. En el año 2019 la Compañía de Jesús da dos pasos importantes, con la publicación de los documentos *Ciudadanía global: una perspectiva ignaciana* y *Colegios jesuitas: una tradición viva en el siglo XXI*. En ellos se concretan algunas intuiciones ya expresadas en momentos anteriores y es a partir de ellos, de la tradición educativa de la Compañía y del magisterio de la Iglesia (reflejado en las encíclicas *Fratelli tutti* y, sobre todo, *Laudato si'*), como en EDUCSI empezamos a elaborar nuestro propio documento para España y Portugal.

Ese documento, titulado *Mujeres y hombres para una ciudadanía global: un desafío para las escuelas jesuitas en el siglo XXI* pretende hacer una lectura profunda de los signos de los tiempos, partiendo de una sólida base antropológica, teológica y pedagógica, a la vez que concreta los desafíos para nuestros colegios en cinco ámbitos de actuación: la justicia social, el desarrollo humano y sostenible, la inclusión y la multiculturalidad, la coeducación y la equidad de género, y la participación democrática.

A la hora de descomponer el concepto de ciudadanía global en estos ámbitos, entendíamos que eran aspectos urgentes en los que se debía trabajar y se podía conseguir un impacto educativo relativamente rápido y fácil de medir. Una vez elaborado el documento, se dio paso a una primera etapa en la que dicho documento fue dándose a conocer a directores, equipos directivos y personas especialmente involucradas, para a continuación pasar a su difusión en los claustros y a profundizar en el esfuerzo de trasladar estos ámbitos a lo curricular de una forma multidisciplinar.

Estos cinco ámbitos, trabajados transversalmente de acuerdo con el Paradigma Pedagógico Ignaciano, dotan de anchura y profundidad a nuestra labor educativa y suponen un importante paso adelante en la educación entendida como factor de transformación social en la línea del Evangelio. Ese es el motivo por el cual hemos puesto mucho énfasis en la formación de los claustros, acudiendo a todos los lugares desde los que nos han llamado para ayudarlos a desarrollar su propio plan de trabajo en ciudadanía global.

En ese camino estamos en este momento, trabajando para conseguir llevar al nivel curricular un esfuerzo estructurado por construir un mundo mejor.

¿Un fuego que enciende otros fuegos?

Josep M. Lozano, Barcelona

Que el decreto 4 se conozca con el nombre de Fe-Justicia ha funcionado, de manera tan comprensible como lamentable, como una especie de consigna que no hacía honor a lo elaborado de su formulación. El decreto –y toda la Congregación General– fue un gran impulso liberador de energías, especialmente entre los jóvenes y la generación que protagonizó la Congregación General. Si yo fuera maoísta, rememoraría la consigna «Que florezcan cien flores, que compitan cien escuelas de pensamiento», porque fueron tiempos de exploración en todas direcciones. En Cataluña quizás el fruto institucional más relevante fue la creación del Centre d'Estudis Cristianisme i Justícia, que aglutinó a muchos de los involucrados en el proceso y ha nutrido durante años a numerosas comunidades cristianas.

Pero a veces se cae en la tentación de olvidar los contextos social y eclesial del decreto, que modularon su recepción. El contexto social era el del debate y la confrontación sobre distintos modelos de sociedad, con el reconocimiento de su dimensión política y de la necesidad de lo que el mismo decreto denominaba «transformación de las estructuras». Si a esta polarización social añadimos la polarización eclesial y teológica tras el Concilio Vaticano II –dos polarizaciones entreveradas–, no ha de extrañarnos que aquella enorme y creativa liberación de energías diera lugar también a conflictos internos. No en balde el decreto, en su mismo título, se planteaba como respuesta a *nuestra misión hoy*.

No es sorprendente, pues, que cuando el binomio o polaridad fe-justicia se transformaba en una polarización planteada como contradicción, desembocara en algo inseparable de la misión: un conflicto sobre la manera de entender la identidad jesuita. De ahí que, en su formulación más extrema, se viera reflejado en la siniestra frase: «Vosotros estáis esperando a que nosotros muramos y nosotros estamos esperando a que vosotros salgáis, y por ahora vamos ganando nosotros». Frase que refleja el lado oscuro del proceso, que no debe eclipsar la enorme cantidad y calidad de iniciativas, compromisos e innovaciones, tanto personales como comunitarias, que buscaron convertir en verdad existencial la inspiración del decreto.

Pero si hoy conmemoramos el 50 aniversario es necesario añadir algo que a veces parece olvidarse cuando apelamos a los textos como si tuvieran vida e identidad por sí mismos. Hoy vivimos bajo el uso y abuso de la expresión «cambio de paradigma», que se aplica a casi todo con facilidad y simplismo. No hay que olvidar que quienes pensaron sobre ello dejaron dicho que los cambios de paradigma son lentos y, sobre todo, que no se producen tanto por convencimiento como por el hecho de que desaparece la generación que defendía el paradigma anterior.

Lo digo porque estamos viviendo la desaparición de la generación que hizo la Congregación General 32 y la pregunta es cómo puede metabolizarse el decreto hoy sin olvidarlo, en un contexto social, eclesial y jesuítico sustancialmente distinto (y una forma de olvidarlo es venerarlo). Probablemente –sin caer en la tentación de convertir la palabra en una especie de poción mágica– actualizando a fondo algo que ya se apuntaba en el mismo decreto: la importancia del discernimiento, y del discernimiento en común.

Quizás podría decirse del decreto, y no es una comparación escogida al azar, lo mismo que se dice de Arrupe: que «era más conocido *por fuera*, es decir, por su personalidad desbordante, por lo que hizo, por lo que escribió, que *por dentro*, por la Fuente interior de donde manaba todo lo anterior»[1]. A veces parece que al decreto le pasa algo parecido. Y la pregunta, apelando a la Congregación General 35, es si podrá ser «un fuego que enciende otros fuegos».

---

[1] D.MOLLÁ,*Pedro Arrupe, carisma de Ignacio*,UniversidadPontificiaComillas-Sal Terrae-Mensajero, Madrid-Santander-Bilbao 2015.

ECCA: acompañamos personas, construimos futuro

José María Segura, SJ, Las Palmas de Gran Canaria

¿Cuál es la misión del apostolado social? El papa Francisco nos lo dijo: «Promover procesos y alentar esperanzas. Procesos que ayuden a crecer a las personas y a las comunidades, que las lleven a ser conscientes de sus derechos, a desplegar sus capacidades y a crear su propio futuro [...]. Abran futuro, susciten posibilidades, generen alternativas, ayuden a pensar y actuar de un modo diverso».

En 1963, Francisco Villén Lucena, jesuita, misionero popular y devoto del Sagrado Corazón de Jesús, fue destinado a Canarias. Miró la realidad y vio cómo la lacra del analfabetismo empujaba a muchos a la pobreza. Con «socios accionistas con Dios» y tomando como referencia experiencias previas (Córdoba y Radio Sutatenza, en Colombia), se propuso enseñar por radio. Siguiendo el *magis* ignaciano –ir donde más se necesita, donde otros no llegan y donde el bien puede ser más universal–, la Compañía de Jesús, con apoyo del gobierno local y central, impulsó «la radio que enseña». Así nació Radio ECCA como obra de justicia social: enseñar al que no sabe para romper el círculo de la pobreza.

Esa lectura creyente de la realidad, para dar respuestas concretas y eficaces a los más necesitados, amplió pronto su campo. Lo que empezó vinculado al programa nacional contra el analfabetismo se convirtió en una escuela con cursos de inglés, economía, técnicas comerciales... para que cada persona pudiera adueñarse de su proceso de crecimiento. Con los años, fue tomando cuerpo un área de intervención social: acompaña-miento de mujeres *vulnerabilizadas*, menores y familias, apoyo a personas migrantes, cooperación internacional... El volumen y la complejidad crecieron hasta pedir una decisión a la altura del *magis*: crear una nueva fundación.

Visto con dos años y medio de perspectiva, fue una decisión audaz: la primera escisión (que sepamos) de una fundación con sede central en Canarias (según registros públicos y prensa, sin precedentes en los últimos veinte años). Exigió consultas, infor-mes y finura jurídica; y, sobre todo, la confianza de que no era un *lifting* empresarial, sino un ajuste de estructuras al servicio de la misión. En lo personal, confirmé que el *magis* es un criterio válido de discernimiento también para la eficiencia –incluida la empresarial– de la misión que brota de la fe: ¿cuál es la estruc-tura que *más y mejor sirve* a quienes otros no atienden? ¿Cuál es el modo de organización que *mejor responde* a la misión?

Crear ECCA Social fue un acto de fidelidad creativa: no una obra nueva sino un *movimiento* de la misma sinfonía, con el *magis* como partitura. Nos preguntamos: ¿qué estruc-tura requiere hoy la misión de fe-justicia que nos fundó –dar oportunidades a quienes no las tienen–? La respuesta fue tri-ple: *lanzar una plataforma digital* con nueva marca (ecca.edu); *cerrar la radio*, porque nuestro alumnado ya no la usaba y había migrado a lo digital (y, a quien aún no había dado el salto, acom-pañarlo en esa alfabetización); y *crear una fundación social* para vertebrar mejor el área de intervención, en coordinación con el sector social de la Compañía y con el tercer sector.

Como nos recordó el padre general Arturo Sosa en su visita a ambas fundaciones, *la misión no cambia; cambian los medios*. Dos fundaciones, una misma opción fe-justicia. En ECCA Social esa opción se hace más explícita, se coordina mejor con el sector y gana eficiencia al tejer alianzas. Reco-gemos el testigo de cincuenta años del sector y el encargo del papa Francisco. No en vano nuestro lema es «Acompañamos personas, construimos futuro».

Escuelas de Cristo Rey (Valladolid): los niños de la guerra

Daniel Argibay, Valladolid

Es difícil imaginar cómo acudirían a clase aquellos primeros niños. Recientemente les habían arrebatado su inocencia, su sonrisa y, en definitiva, su infancia. No tenían nada, pues habían perdido lo más importante de sus vidas. Quizás aún mantuvieran algunas pertenencias, algo de ropa y calzado. Y nada más. El rostro de aquellos niños huérfanos de la guerra reflejaba de forma nítida todo lo que ya habían vivido.

En aquellos años de guerra, el padre Cid había visitado a muchos reclusos y había escuchado su última voluntad: que cuidasen de sus hijos. El padre Cid no dudó en ponerse a la búsqueda de un lugar donde recoger a todos esos chicos, alimentarlos, vestirlos y formarlos. Su decidida preocupación por los más pequeños y los más débiles, y la ayuda de una mujer rica, devota y compasiva, doña Ramona, dieron lugar a las Escuelas de Cristo Rey.

Él tuvo claro desde el principio que aquellos niños debían aprender un oficio para poder labrarse su futuro. Esa formación profesional no solo transmitiría conocimientos a aquellos primeros alumnos; también sería la manera de capacitarlos para enfrentarse a las dificultades que no dejarían de aparecer, la vía para entender –si fuera posible– la injusticia vivida y el camino para encontrarse con Dios Padre, que, con su abrazo, daría sentido a la reconciliación consigo mismos y con los demás y a su propia vida.

Hoy una foto conmovedora con los rostros de aquellos niños da la bienvenida a uno de los espacios más transitados del Centro Educativo Cristo Rey. Una foto que invita a todo el que la ve a parar por un instante, recordar e intentar interiorizar el ambiente de aquellas aulas, lo que se escuchaba y percibía en cada uno de los rincones de las Escuelas. Una foto que interpela y no deja indiferente. Transmite tristeza, impotencia, silencio... pero también es una llamada a la lucha por la justicia y a la transformación de la sociedad en la que vivimos.

Cristo Rey lleva en su ADN este espíritu y lucha por mantenerlo. Nunca dejan de aparecer buenas excusas para abandonar el camino humilde, para huir del terreno difícil, y para dejar para otro momento la exigente misión de cambiar el mundo.

Hoy Cristo Rey sigue abriendo las puertas de sus aulas a chicos y chicas que han experimentado la parte más áspera de la vida y a los que les ha tocado pasar por situaciones desgarradoras. Sienten que su vida está deshecha, que no hay esperanza ni ilusión a la que aferrarse, que la frustración es el pan de cada día y que la necesidad es la palabra que mejor describe todos los ámbitos de su vida. Están perdidos y sin recursos de ningún tipo. No ven el horizonte y en el camino solo encuentran injusticia. Lo único que se preguntan sobre Dios es dónde está. No vivieron aquella guerra, pero están viviendo la suya. Y como quien combate en una guerra, su actitud es desafiante y desconfiada. Ahora la pregunta es: *¿quién quiere a estos alumnos?*

Dios me pone en el camino junto a ellos, elegidos entre muchos. Mi fe me llama a estar con los más vulnerables. Mi entrega diaria da sentido a mi fe. Un binomio que enriquece mi vocación. Y más aún cuando esta llamada es compartida con otros compañeros y compañeras de camino, y en un centro educativo que, cada día, sigue desprendiendo ese aroma de lucha por la justicia, sin olvidar a aquellos niños de la guerra.

ETEA y la Universidad Loyola: pasión, compromiso y audacia al servicio de la justicia evangélica

Julio Jiménez Escobar, Córdoba

La promoción de la justicia evangélica que brota de la fe ha sido para ETEA y la Universidad Loyola principio, fundamento y llama.

Ha sido *principio* (origen) cuando ETEA, en 1963, fue una apuesta audaz y novedosa, al instaurar estudios universitarios empresariales en el ámbito agrario para ayudar a superar el subdesarrollo que existía en el campo andaluz.

Ha sido *fundamento* (el por qué y para qué) porque siempre ha constituido el fin institucional: en su origen, en los estatutos de INSA-ETEA (proyectados ya sobre el conjunto de las Ciencias Económicas y Empresariales) de 1991 (artículo 6) y en los estatutos de la Fundación Universidad Loyola (artículo 8.2).

Ha sido *llama* que ha iluminado cómo debía concretarse la misión en cada momento, así como la articulación normativa y la estructura académica e institucional necesarias para ello, siempre desde el *magis* ignaciano que busca el mayor y mejor servicio, lo que más conduce al cumplimiento de la misión:

a) primer centro universitario en España que impartió ciencias empresariales agrarias;

b) apertura al conjunto de los estudios empresariales, siguiendo un recorrido audaz para el reconocimiento oficial de los estudios, incluyendo la influencia que tuvo para que se introdujese la figura del centro adscrito en la Ley de Reforma Universitaria de 1983;

c) vocación y compromiso por el desarrollo con un enfoque universitario, y por ello original, que cristalizó en la constitución de la Fundación ETEA para el Desarrollo y Cooperación en 2002;

d) creación de la Universidad Loyola Andalucía, para que la promoción de la justicia pudiese hacerse desde todos los saberes universitarios y para que esta sensibilidad, forma de mirar la realidad y vocación de lucha por la justicia evangélica llegase a más jóvenes en la comunidad autónoma con más personas en esta franja de edad.

La misión ha sido también la llama que ha encendido *vocaciones universitarias ignacianas*, y factor que ha aglutinado (artículo 7 de los estatutos de INSA-ETEA y artículo 8.3 de los Estatutos de la Fundación Universidad Loyola Andalucía) a *unos pocos jesuitas y muchos laicos* en torno a un proyecto vivido y compartido. ETEA ha sido pionera en la colaboración entre jesuitas y laicos, siendo la primera obra apostólica que tuvo un director seglar (en 1975) y mostrando que con pocos jesuitas y laicos comprometidos se puede llevar adelante la misión de la institución, despertando, a su vez, vocaciones universitarias ignacianas. En la promoción de la Universidad Loyola la colaboración entre jesuitas y laicos ha sido también muy importante.

Decía el padre Francisco José Ruiz Pérez, provincial de España, en 2013: «UNIJES respalda a la Universidad Loyola Andalucía en lo que esta recibe como herencia de INSA-ETEA: continuar viendo en quienes hoy llevan adelante la misión universitaria una oportunidad de alianza, un capital incalculable de compromiso compartido, una profesionalidad cuajada de vocación y, por si fuera poco, un marco para la amistad entre los actores de la misión universitaria»[1].

A la vista de este recorrido, desde el punto de vista institucional –que es el enfoque que se me ha pedido–, uno percibe que lo relevante es tener una misión (la promoción de la justicia evangélica) que nos trasciende (en lo institucional y en lo personal) y una comunidad universitaria al estilo ignaciano para llevarla adelante. Las estructuras se irán adaptando para, desde el *magis*, brindar siempre un mayor y mejor servicio, buscando lo que más conduce al cumplimiento de la misión.

---

[1] *ETEA, 50 años. 1963-2013*, Diario Córdoba-Diputación de Córdoba, Córdoba 2013, 3.

Jesuiten Etxea, una respuesta a una necesidad

Koldo Katxo, SJ, Loyola

El proyecto más significativo de la comunidad de jesuitas de Durango desde el año 2007 al 2020 ha sido sin duda «Jesuiten Etxea» («Casa de los jesuitas» en euskera).

Este nuevo proyecto nace por la propia evolución de una comunidad, diríamos que tradicional, que había dedicado su vida a la actividad docente y pastoral en el colegio y al mantenimiento del culto y actividades apostólicas en nuestra iglesia para el pueblo de Durango. Tras un largo discernimiento y reflexión en la comunidad y fuera de ella, se tomó la decisión de poner en marcha este nuevo reto, considerando la confluencia de numerosas circunstancias, entre ellas:

- El aumento de la inmigración, con su problemática, en Durango y en el colegio.
- El proceso de inmersión en un nuevo proyecto apostólico en el que se encontraba la provincia de Loyola, con fuerte acento en el binomio fe-justicia y, en concreto, en la prioridad para la Compañía universal del servicio a migrantes y refugiados.
- La disponibilidad de una casa con salida directa a la calle, independiente del colegio y con habitaciones susceptibles de poder utilizarse para alojamiento de migrantes, dadas las enormes dificultades que tienen estos para encontrar alguno.

Analizadas dichas circunstancias en 2006, algunos jesuitas sintieron que el Espíritu de Jesús, en clave fe-justicia, los impulsaba a ofrecer techo y dignidad a aquellos migrantes que llegaban y vivían en pisos-patera. En ese tiempo de discernimiento, de oración y de puestas en común, se fueron aclarando las opciones.

Sería un proyecto comunitario, esto es, de los trece jesuitas que estaban en Durango: algunos acompañando tutorías, dando clases y cuidando el seguimiento de la formación, o llevando el contacto con los diversos organismos institucionales, y los demás, en lo que siempre habían hecho en esta comunidad: acoger bien, escuchar, animar... hacer familia. Todos con un mismo objetivo: que las personas, de cualquier raza, sexo o religión, se sintieran en nuestra comunidad como deberían sentirse en cualquier parte del mundo, valoradas en su dignidad de hijos de Dios y hermanos de todos.

En mayo de 2007 los servicios sociales de Durango convocaron a todas las entidades que trabajaban con migrantes a una reunión de presentación del proyecto en nuestra casa. Ciertamente, aparte de tener techo y comida, lo que más les ayudaba en su desamparo era sentirse parte de una familia.

Han vivido en la comunidad unas cincuenta personas migrantes, de entre 23 y 48 años de edad, procedentes de diversos países de África: Senegal, Mali, Nigeria, Ghana, Marruecos... En la comunidad de jesuitas estaban un año y en el piso de transición que acompañábamos podían estar otro año.

Con el tiempo fuimos replanteando la continuidad de la comunidad y del proyecto, en la propia comunidad y en el gobierno de la provincia. Los últimos años de la comunidad, hasta 2020, se iba sufriendo la disminución, en números y en fuerzas, pero la ayuda de voluntarios de CVX sirvió para llevar adelante el proyecto. Además, hay que agradecer el voluntariado de alumnos del colegio y la aportación económica generosa del mismo.

Cuando, durante el curso 2018-2019, se llegó al acuerdo del acompañamiento técnico de la Fundación Ellacuría, con sede en Bilbao y obra de la Compañía para el tema de hospitalidad, se abrieron las esperanzas para una nueva forma de acogida. Ello propició que, al cerrar la comunidad jesuita en 2020, surgiese un nuevo proyecto de hospitalidad, continuidad e innovación del proyecto Jesuiten Etxea, bajo la responsabilidad y acompañamiento de la Fundación Ellacuría.

De la justicia a la fe

Pep Mària, SJ, Roma

En 1998 me incorporé a ESADE, justo al acabar mi formación en la Compañía de Jesús. Me recibieron Josep Miralles, SJ (el único jesuita de ESADE en aquellos años) y un grupo de profesores y personal de administración y servicios amigos de la Compañía.

Nuestra primera iniciativa fue crear el Servicio de Atención Religiosa (SAR) como plataforma pastoral. Pero las actividades que proponíamos atraían a poca gente, y ciertamente no llegaban a los estudiantes.

En 2003 el director general de ESADE, Carlos Losada, me invitó a crear un servicio para facilitar experiencias de solidaridad a los alumnos de ESADE. La profesora Mercè Mach y yo fundamos el SUD: Servicio Universitario para el Desarrollo. Inicialmente, en el verano de 2003 marcharon a Bolivia y El Salvador nueve alumnos de Administración de Empresas.

Pero –¡oh sorpresa!– en septiembre de 2003 se presentaron tres decenas de estudiantes dispuestos a seguir la estela de los nueve pioneros. «Echad las redes a la derecha de la barca y encontraréis pescado» (Jn 21,5).

A partir de entonces, hemos ido trabajando la espiritualidad desde el SAR (hoy *Spirituality Team*), que sigue proponiendo la fe cristiana y la espiritualidad ignaciana en un horizonte interreligioso; al mismo tiempo, el SUD ha ido creciendo inesperadamente, tanto en número de participantes como en la amplitud de la formación ofrecida.

a) Un millar de estudiantes de ESADE ha pasado un mínimo de diez semanas en América Latina, África o Asia haciendo prácticas profesionales (de Administración de Empresas o de Derecho) con el SUD. Hasta 2020 se habían aportado un total de 250000 horas de consultoría, valoradas en 6,5 millones de euros.

b) La formación se ha ampliado: de la capacitación técnica a la espiritualidad ignaciana, porque una experiencia de cooperación que ayude a las contrapartes y sea formativa para los estudiantes requiere el trabajo de la espiritualidad. Entre los antiguos participantes del SUD se cuenta a Fran Delgado Oliver, hoy escolar jesuita de nuestra provincia.

En la formación, insistimos en que «la solidaridad son cosas chiquitas», que no cambian las estructuras sociales, pero que nos dan la alegría de saber que «la realidad es transformable» (Eduardo Galeano). Apostamos por que nuestros alumnos, cuando sean líderes empresariales, sociales o ciudadanos, puedan trabajar por la justicia porque habrán experimentado el gozo de cambiar cosas chiquitas y la posibilidad de transformar cosas grandes. También insistimos en que una experiencia de solidaridad solo será completa si los participantes trabajan su vida interior para adaptarse y servir de verdad a las contrapartes. La espiritualidad ignaciana es ofrecida bien explícitamente.

Mirando atrás, me doy cuenta de que, en el modo en que se ha ampliado la formación del SUD, se ha seguido un itinerario que va de la justicia a la fe –si utilizamos el lenguaje del decreto 4 de la Congregación General 32–. En efecto, los alumnos se han visto atraídos a participar en un proyecto de compromiso social por la justicia, y a partir de ahí los hemos llevado a cultivar la vida interior, la espiritualidad ignaciana y la fe.

Sé que generaciones anteriores de jesuitas recorrieron el camino de la fe a la justicia, gracias a las intuiciones de la Congregación General 32. Daban la fe por supuesta, y la ampliaron al trabajo por la justicia. A mí me ha tocado, en un ambiente en que la fe no se da por supuesta, recorrer el camino inverso: de la solidaridad-justicia a la fe.

Buscando el tesoro escondido

Luis López-Yarto Elizalde, SJ, Salamanca

Cuando llevaba cinco o seis años de jesuita, mi entrega y mi piedad más sincera empezaron a convivir con una cierta conciencia de vivir en la injusticia. En la misma Compañía se alimentaban desigualdades intolerables entre sacerdotes y no sacerdotes. Parecíamos justificar, con razonamientos apostólicos, el pago de sueldos insuficientes. Sentí la urgencia de entender, de recobrar el entusiasmo.

En 1957 estudiaba ya filosofía: una filosofía en cuyo corazón reinaba la ética. Dos palabras clave se repetían en cada discusión y en cada clase: libertad e igualdad. Un bloque en el mundo había optado por la libertad, sacrificando la igualdad, y otro, sacrificando la libertad, buscaba la igualdad. Nosotros vivíamos en un extraño país que había renunciado a ambas cosas, y tomar conciencia de ello nos angustiaba. Los más pusilánimes observábamos y teníamos miedo. Queríamos ser consecuentes, pero viejas fidelidades nos tenían paralizados.

Los años de teología fueron testigos de duros esfuerzos por traducir a términos manejables palabras como «misión», «entrega», «consagración» o «autenticidad personal», mientras el concilio comenzaba a hablar, en un idioma extrañamente inteligible, de cosas nunca escuchadas. Por aquellos años convocó la Compañía su Congregación General 31. Habíamos elegido general al padre Arrupe, y Pablo VI nos había dicho que esperaba de nosotros que usáramos «*nuevas* armas, dejadas a un lado las ya gastadas» y que tomáramos «*nueva* conciencia» de la situación... porque comenzaba un «*nuevo* período».

El vago sentimiento de culpa por estar traicionando la llamada inicial y por estar colaborando con una situación intolerable se convertían, con gran alivio, en inquietud compartida. Pero ¿cómo dar forma concreta a eso nuevo? Había que insistir, eso era claro, en la austeridad personal. Ni la ordenación sacerdotal ni la formación justificaban gastar un céntimo. Pero ¿habría que comprometerse con grupos más radicales, que pedían ayuda en voz baja desde la clandestinidad? De nuevo ansiedad, hondo sentimiento de temor y dudas.

En los primeros años 70 hubo que participar en acciones inquietantes. Personas altamente institucionales, como yo, sentimos el problemático deber de ocupar la nunciatura de Madrid en solidaridad con ciertos presos. Pero enfrentarse al impecable nuncio Dadaglio dejaba interrogantes dolorosos. Cuestionaba mi propia identidad como jesuita: ¿era esta mi misión en la Iglesia y en el mundo?

En 1975 llega el decreto 4 de la Congregación General 32, *Nuestra misión hoy: servicio de la fe y promoción de la justicia*. El papa Pablo VI en persona pedía que esos decretos fueran «puestos en práctica»: aquel Colegio Mayor Loyola de dimensiones estrechas, dictadas por el informe FOESSA; nuestro grupo de psicólogos puesto al servicio de los que no pueden pagar; una nueva carrera de psicología que debía ser asequible a todos y constituir un servicio social... Tantas cosas comenzaban a cobrar nuevo sentido: el decreto 4 convertía antiguas decisiones en misión expresa de la Compañía. No se suprimían incertidumbres, porque Dios había hablado como suele, dejando puntos suspensivos que debía rellenar cada uno. Quedaba ancho campo para la decisión y las dudas. Pero sentíamos renovada confianza y la tarea, por fin, era más clara.

Quedaba trabajo por hacer: fe y promoción de la justicia tendían a verse, injustamente, como miembros autónomos de un «binomio». La justicia suponía exigencias de tal magnitud que parecía reclamar el hombre entero. Hubo caídos en el frente y abandonos en la retaguardia. No era fácil descubrir que no afrontamos una proposición de dos miembros, que la justicia no es sino una exigencia que brota de la fe. La Compañía debía aún trabajar por lograr esa unidad cada día. Pero avanzábamos juntos con la ayuda de Dios.

Cincuenta años del decreto Fe-Justicia

Manuel Gallego Díaz, SJ, Madrid

Cuando tuvo lugar la Congregación General 32, yo estaba en Madrid, comenzando los estudios de teología en Comillas, al tiempo que colaboraba como profesor ayudante de derecho penal en la Universidad Complutense. Eran años convulsos, particularmente para los jesuitas en formación. Había mucha prisa por aterrizar en la aplicación del Concilio Vaticano II y la situación política en España estaba a la espera de poder pasar de nuevo a la democracia tras casi cuarenta años de dictadura. Entre los estudiantes había desilusión y desconcierto y los superiores y formadores no sabían bien cómo hacer frente a la situación. Ante la falta de un horizonte claro y esperanzador, muchos de nuestros compañeros optaron por dejar la Compañía, tentados por otros compromisos seculares e incluso políticos.

Desde esa situación, la redefinición de la misión del jesuita como un «servicio de la fe, del que la promoción de la justicia constituye una exigencia absoluta» fue recibida como una inyección fuerte de entusiasmo. Daba alas e ilusión a nuestra vocación. Esa reformulación, en sintonía con el Concilio y con el Sínodo de los Obispos que había celebrado la Iglesia en octubre de 1974 sobre el tema de la justicia, abría para nosotros un horizonte de esperanza. Pero, por otro lado, tampoco podemos olvidar que para un sector de los jesuitas esa redefinición equivalía más bien a una refundación contraria al espíritu originario de la Compañía de Jesús.

La afirmación de la inseparabilidad de la fe y la justicia nos disponía a una nueva manera de entender y vivir nuestra vocación y misión, pues no se trataba solo de dar entrada a nuevos campos de apostolado, como ha sido el caso del ministerio con los refugiados y migrantes, sino sobre todo de que, al ser entendida la promoción de la justicia como parte integrante del servicio presbiteral de la fe, venía a inspirar y comprometer cualquiera de las misiones donde nos pusiera la obediencia.

La reformulación supuso, pues, un cambio profundo en nuestra misma manera de entender y vivir la vocación y misión de jesuitas, una llamada ilusionante que nos comprometía evangélicamente con la suerte de millones de seres humanos víctimas de toda clase de injusticia, discriminación y pobreza. Personalmente, esa nueva perspectiva de la misión me ha ido orientando y comprometiendo a lo largo de mi tarea universitaria como profesor de derecho penal, y mucho más ahora, ya jubilado, como capellán penitenciario.

En el sector apostólico universitario, la influencia del decreto Fe-Justicia ha quedado recogida en los diferentes códigos de conducta, idearios o declaraciones institucionales. En cuanto a iniciativas concretas de este sector surgidas como consecuencia de la nueva formulación de la misión, se pueden citar, por ejemplo, en la Universidad Pontificia Comillas –años más tarde, ya en los noventa– la fundación del Instituto Universitario de Estudios sobre Migraciones o la creación del Servicio para el Compromiso Solidario y la Cooperación al Desarrollo, con el objetivo de implicar también a los estudiantes de la universidad en ese compromiso por la fe y la justicia.

Con el paso de los años, el binomio ha ido perdiendo fuelle por el lado de la justicia. De ello hay que responsabilizar al envejecimiento de la Compañía, así como a una mayor implicación de las jóvenes generaciones por el lado de la fe.